Ce cahier de coloriage appartient à

____

____

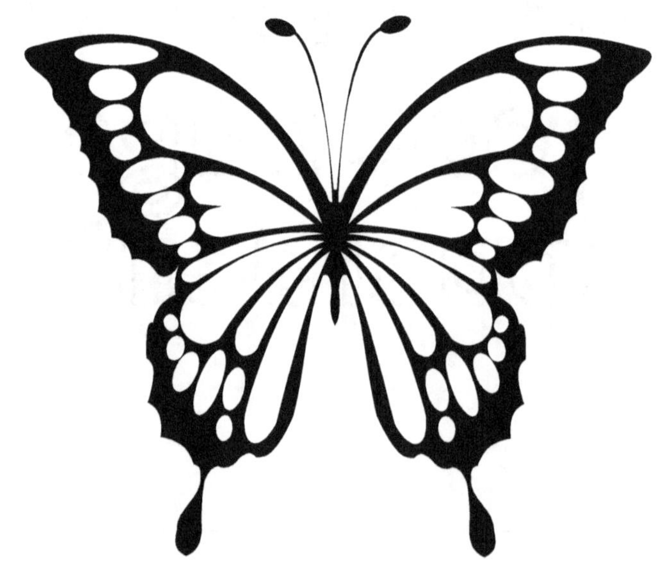

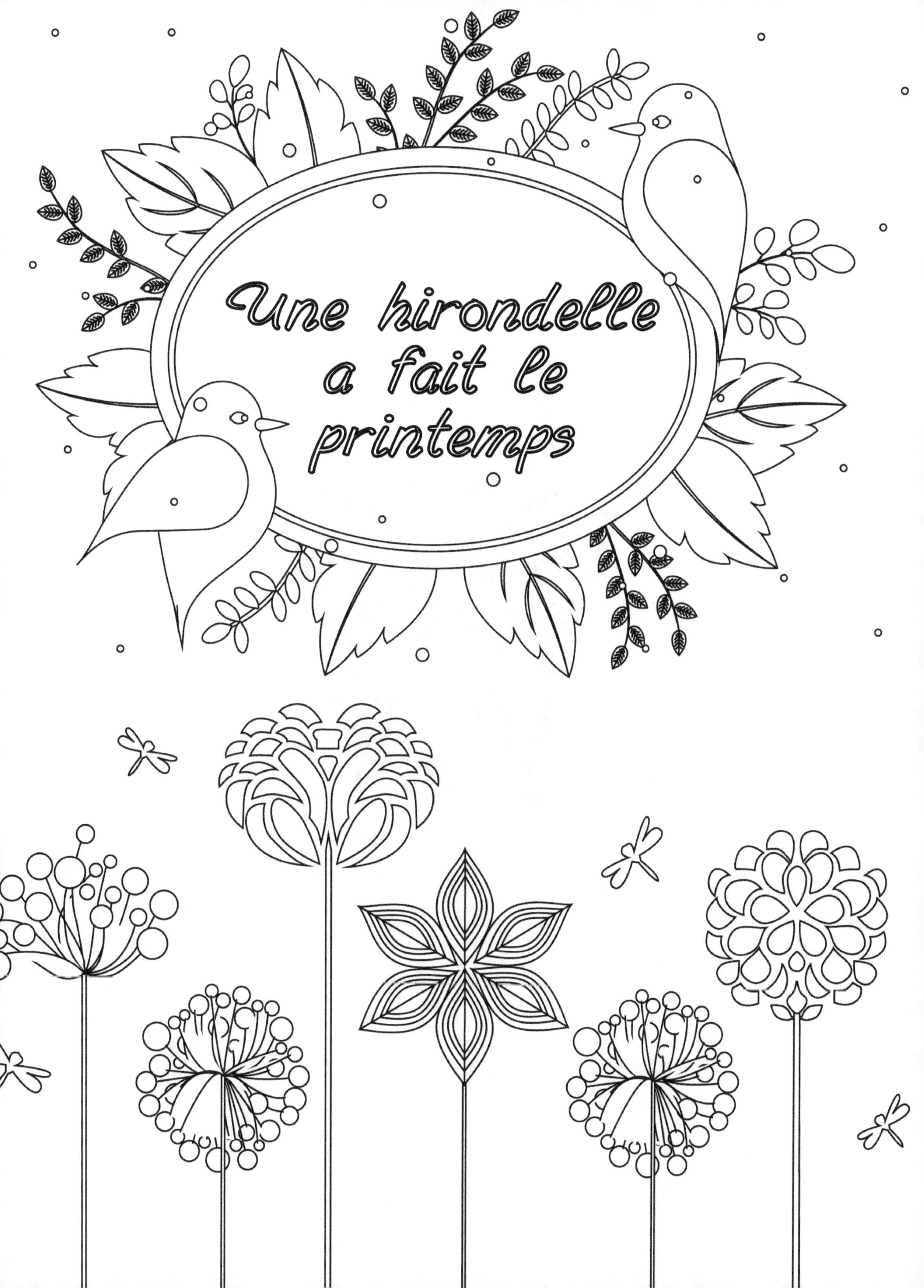
Une hirondelle
a fait le
printemps

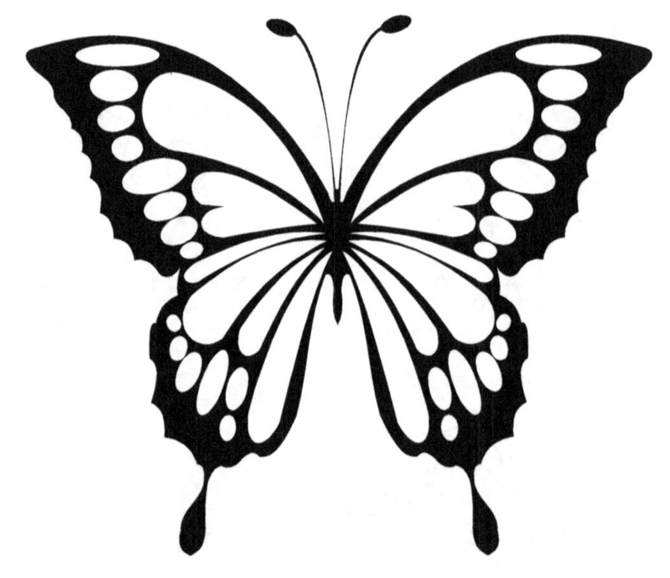

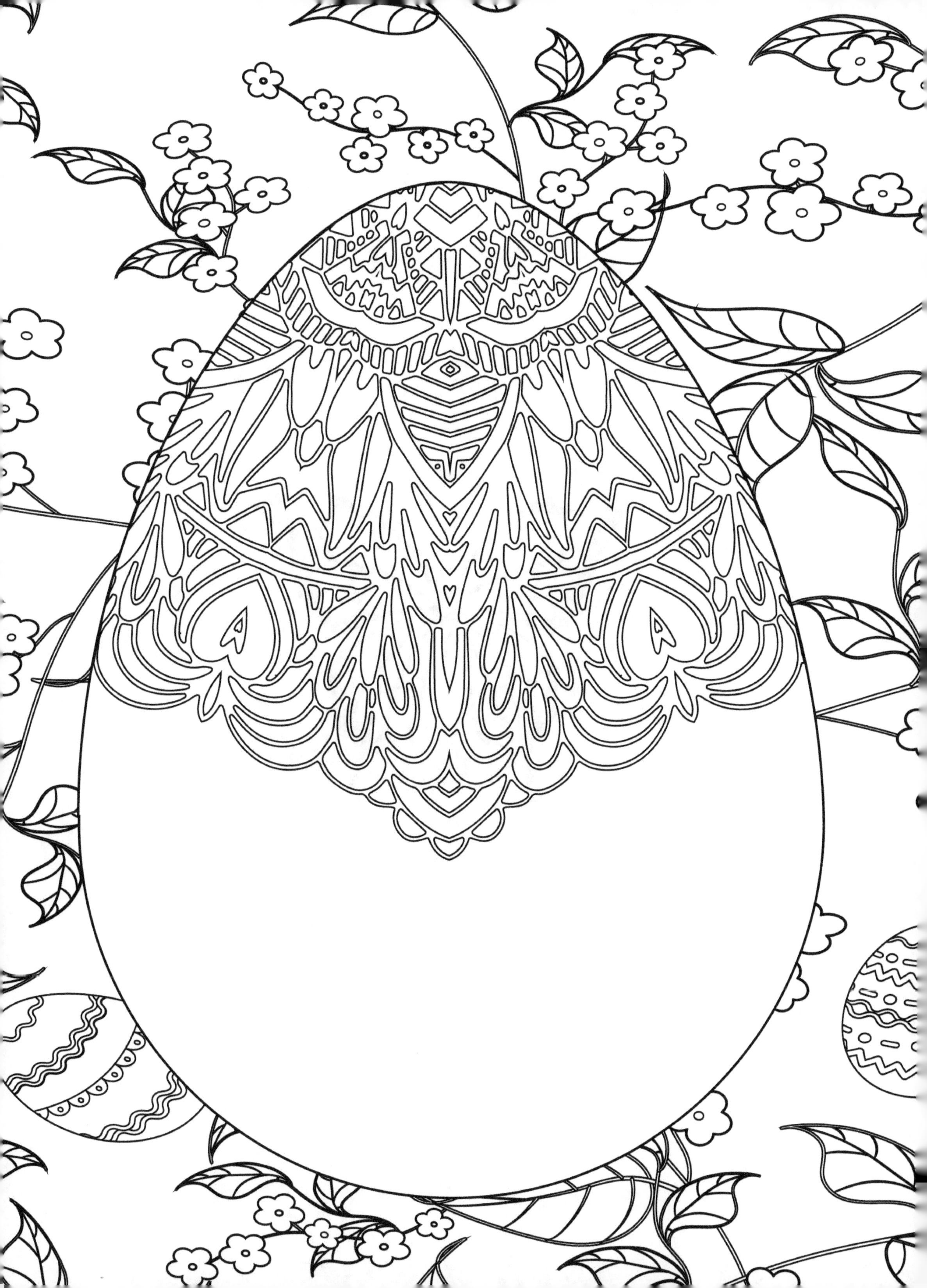

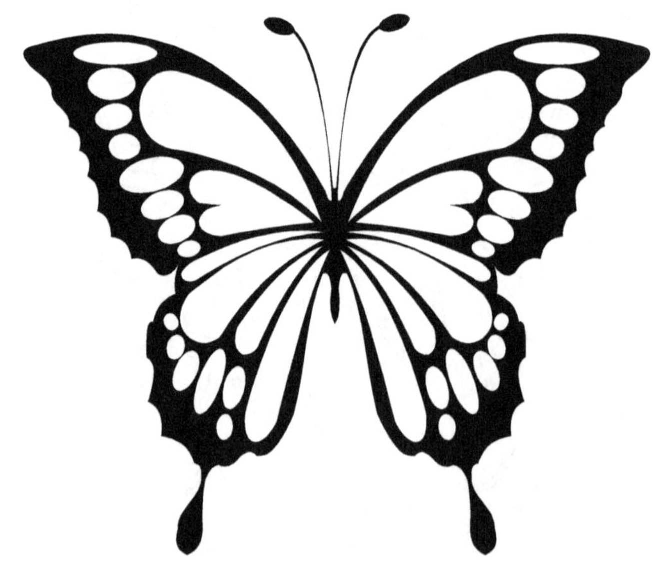

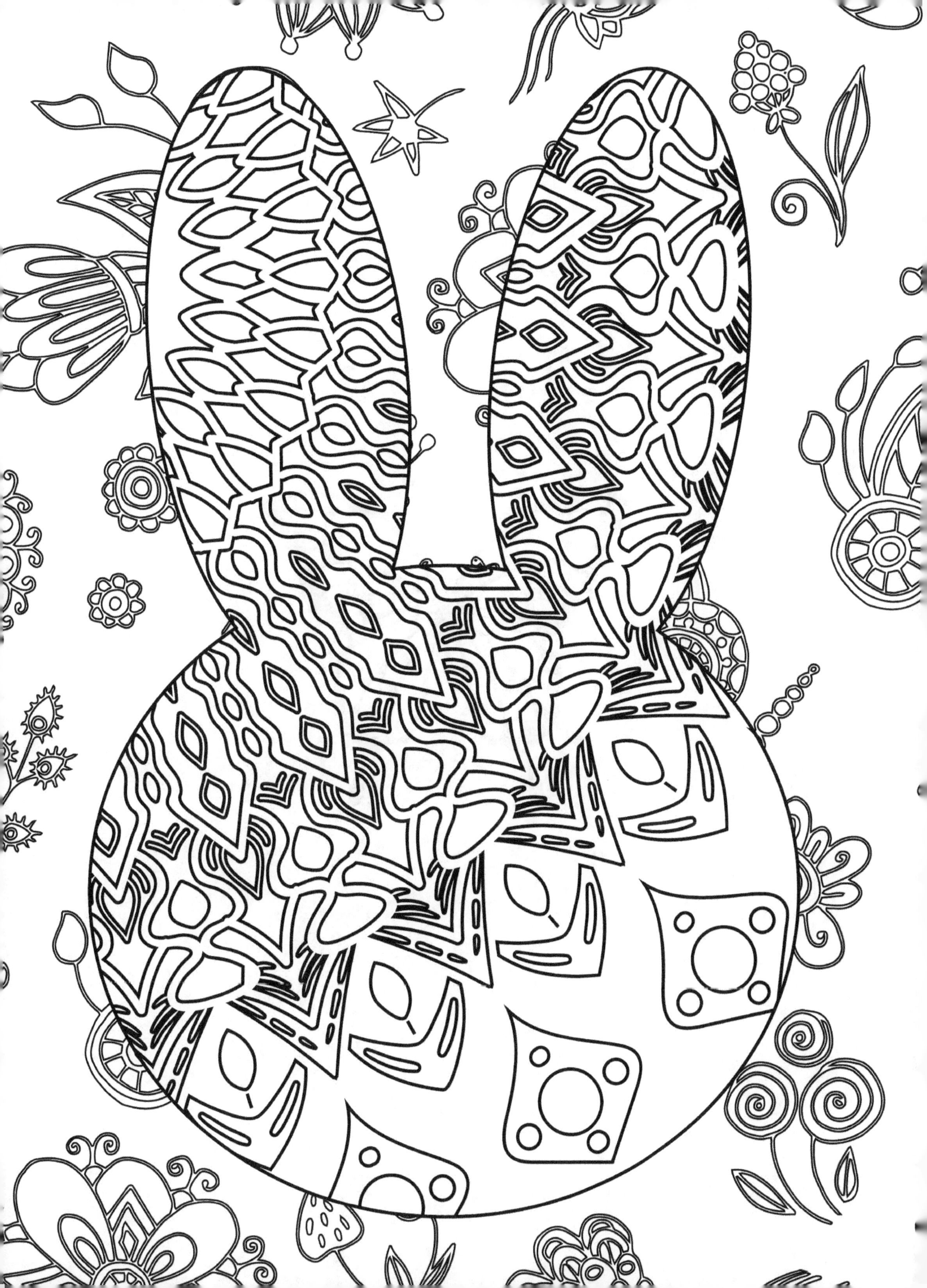

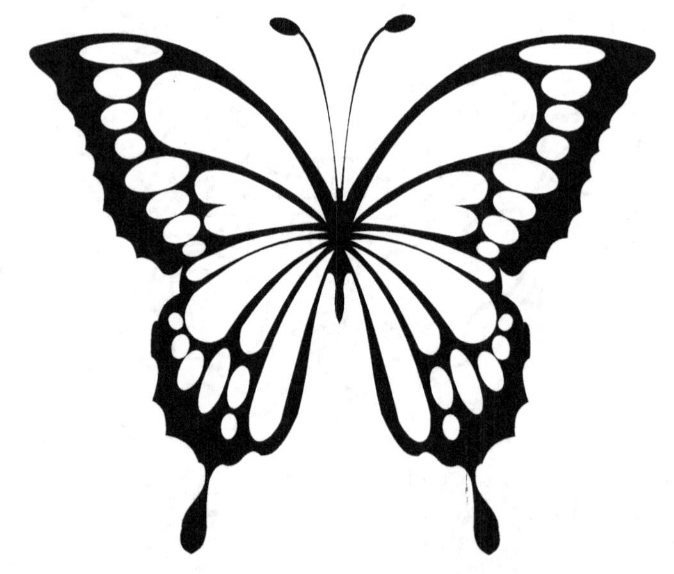

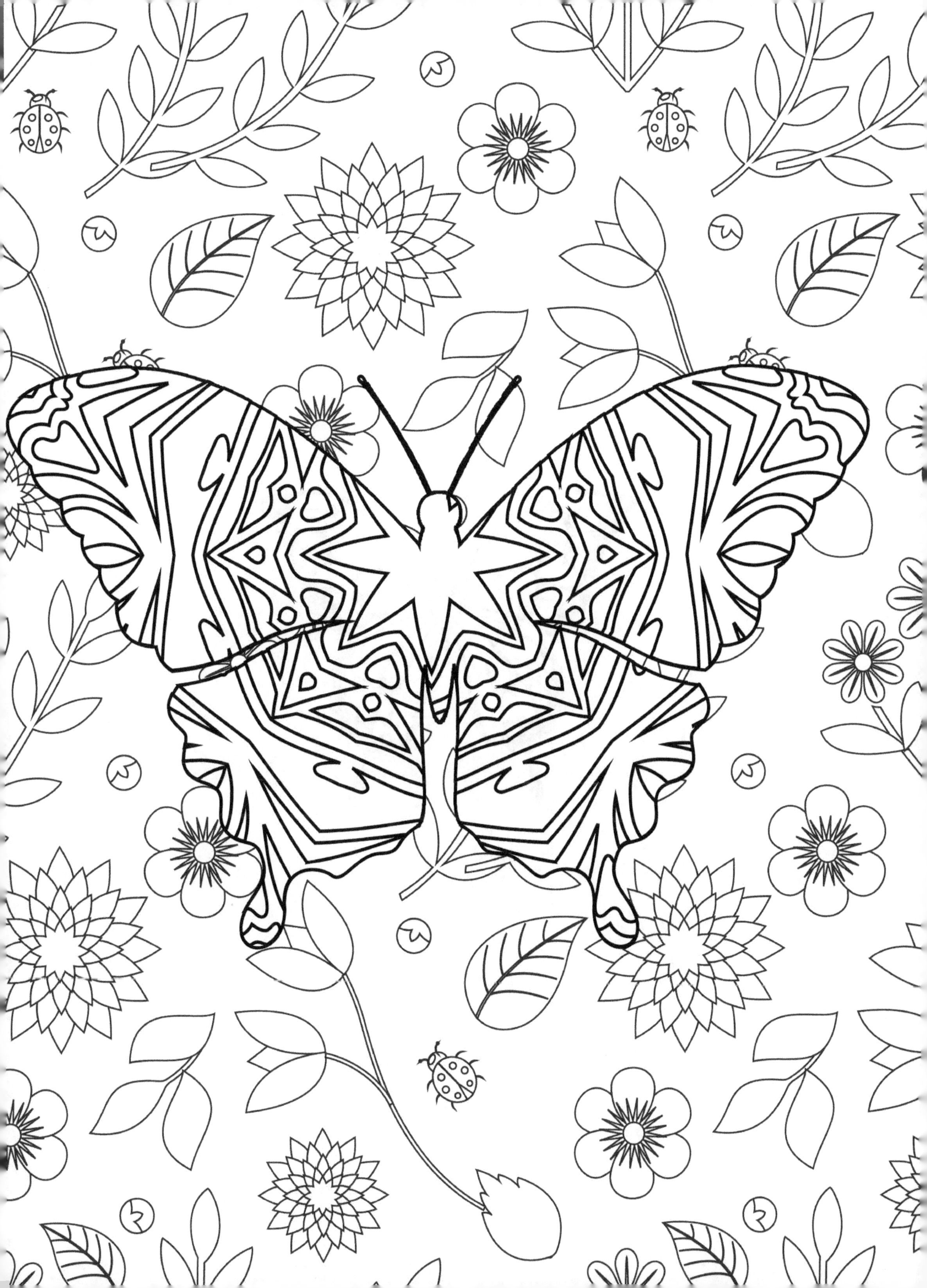

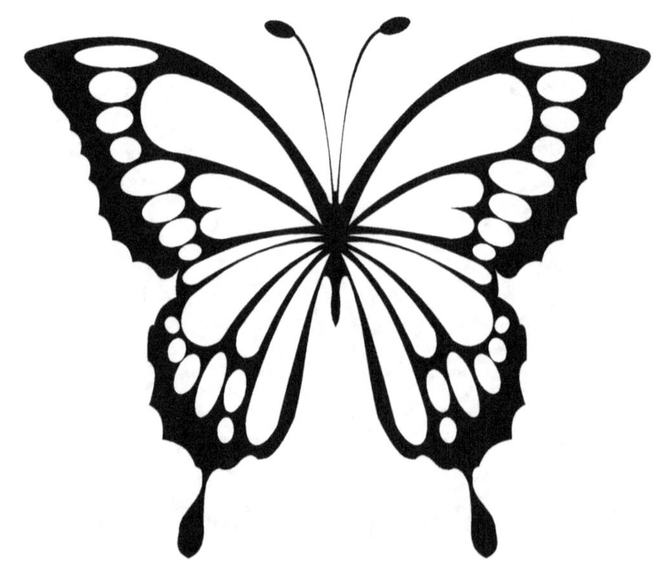

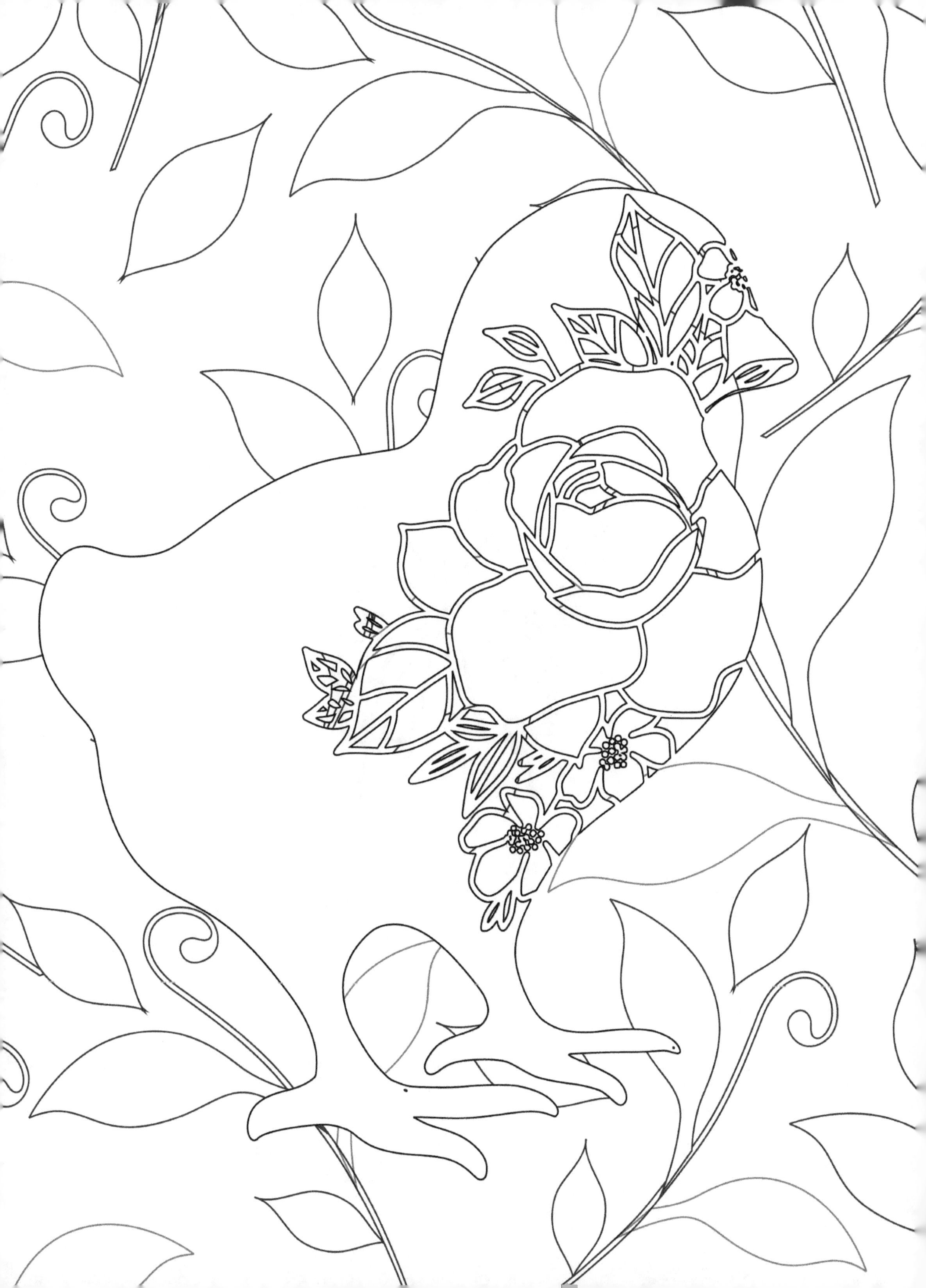

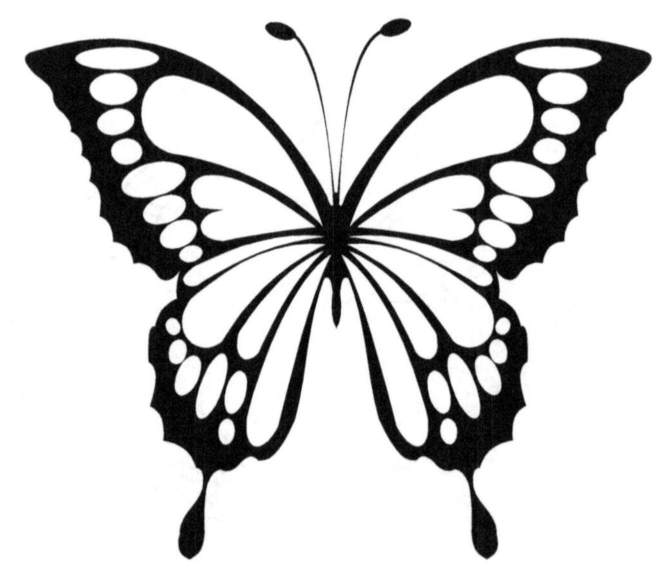

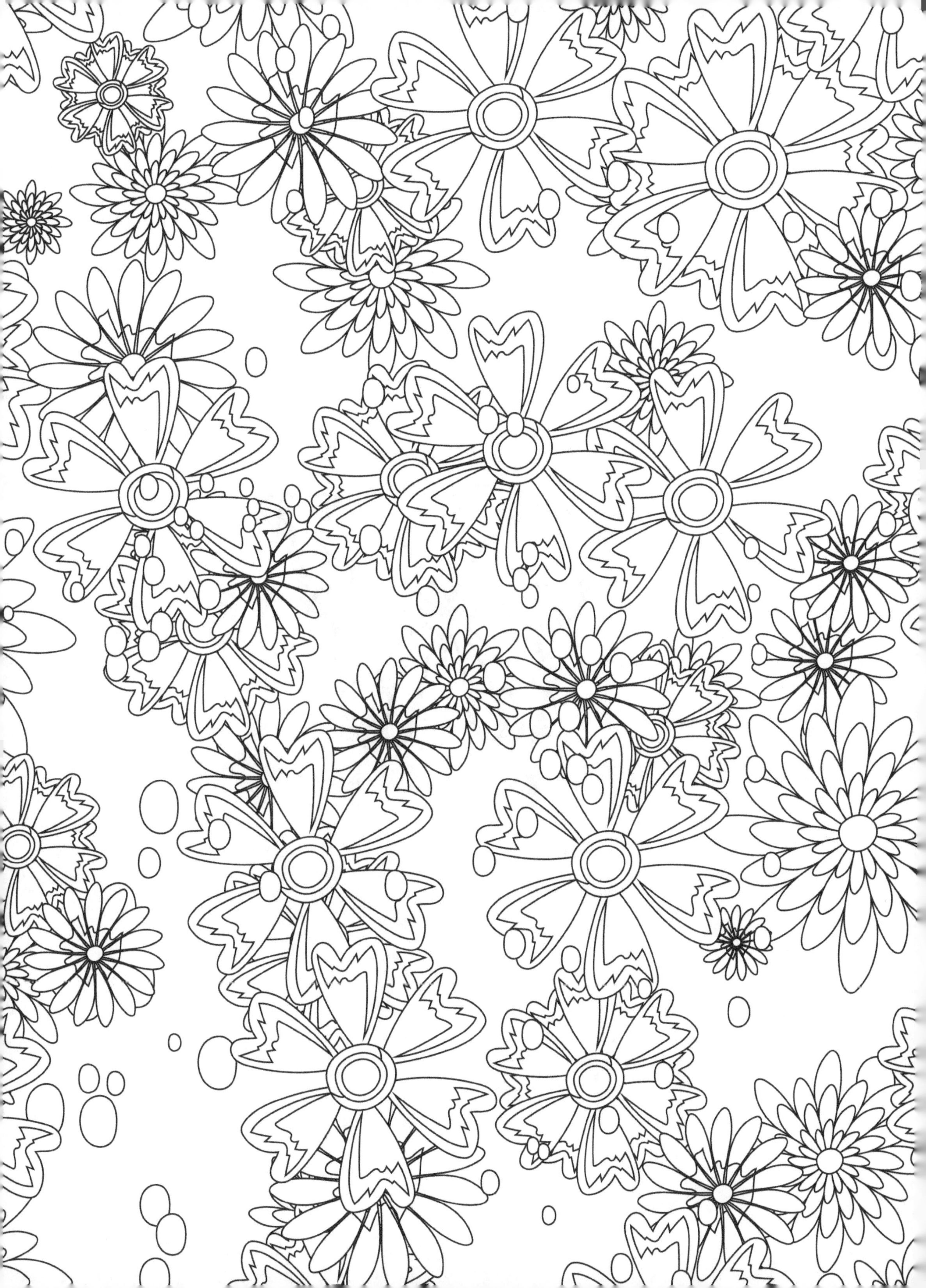

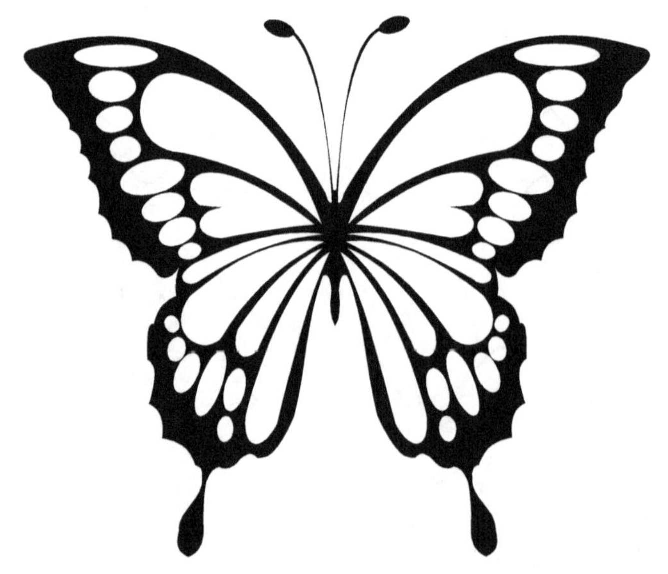

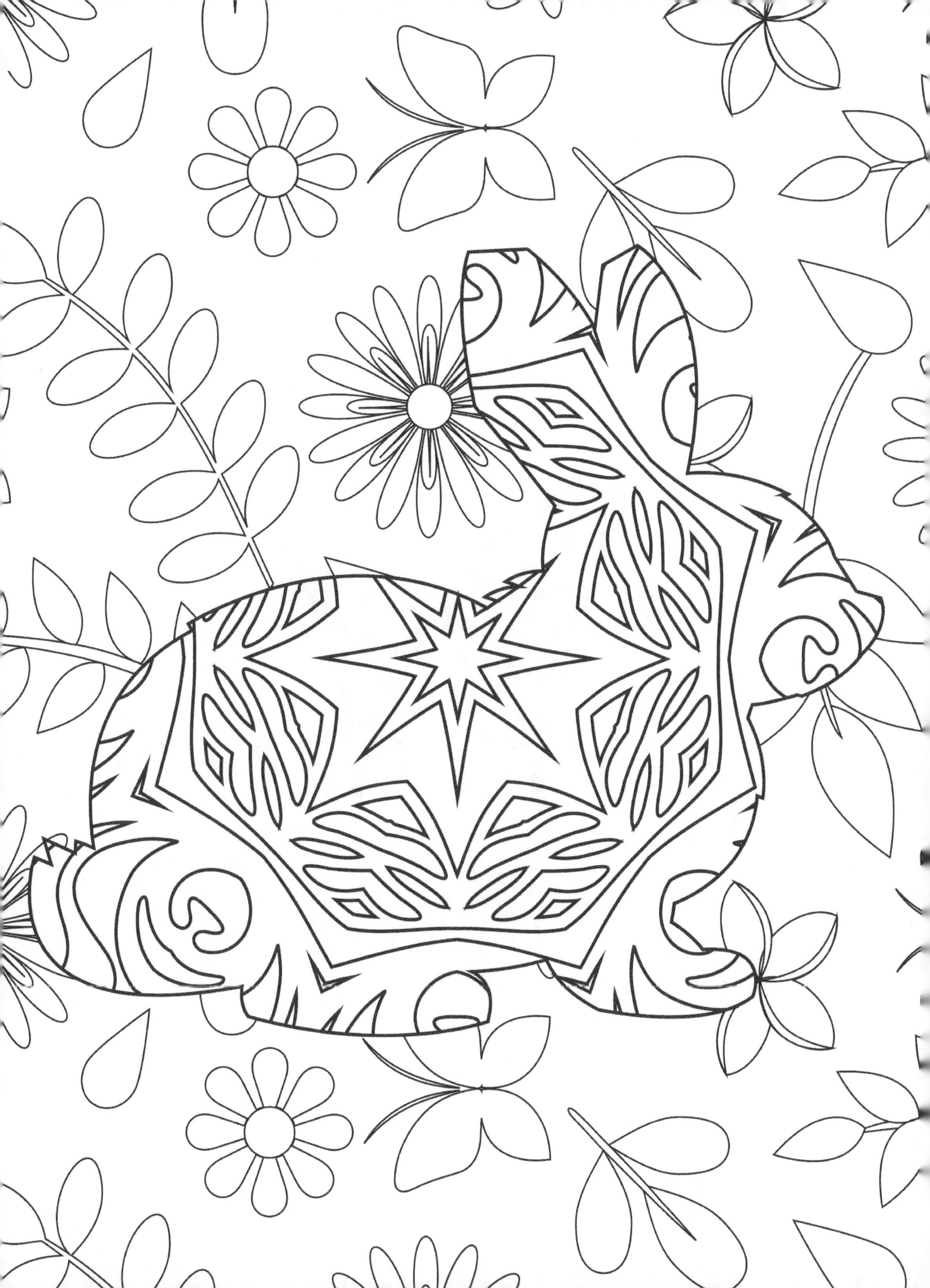

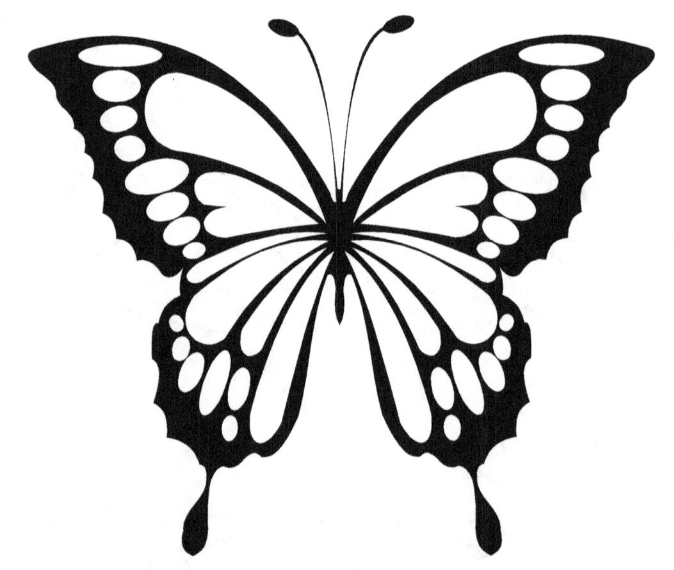

Joyeuses Pâques

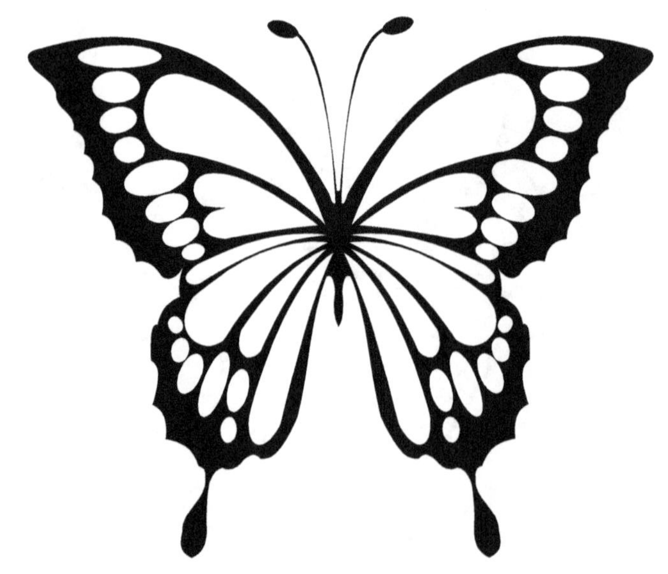

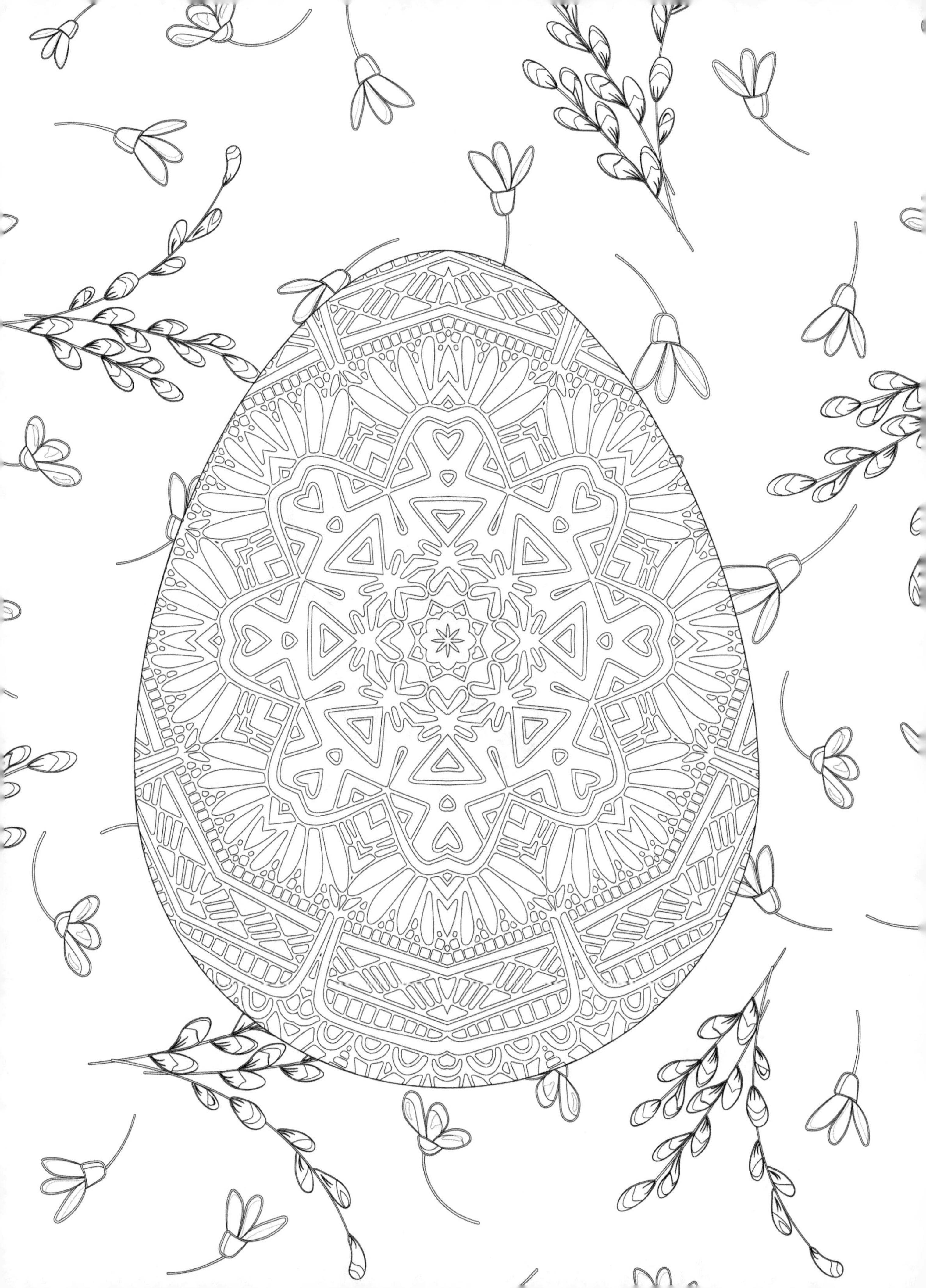

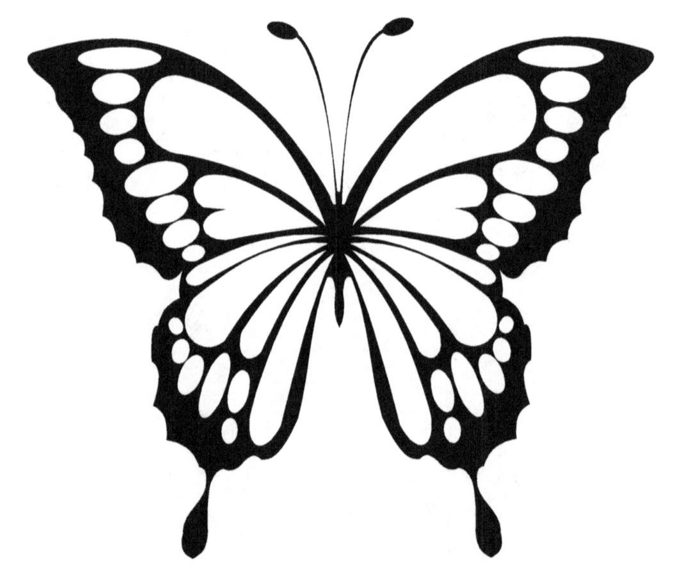

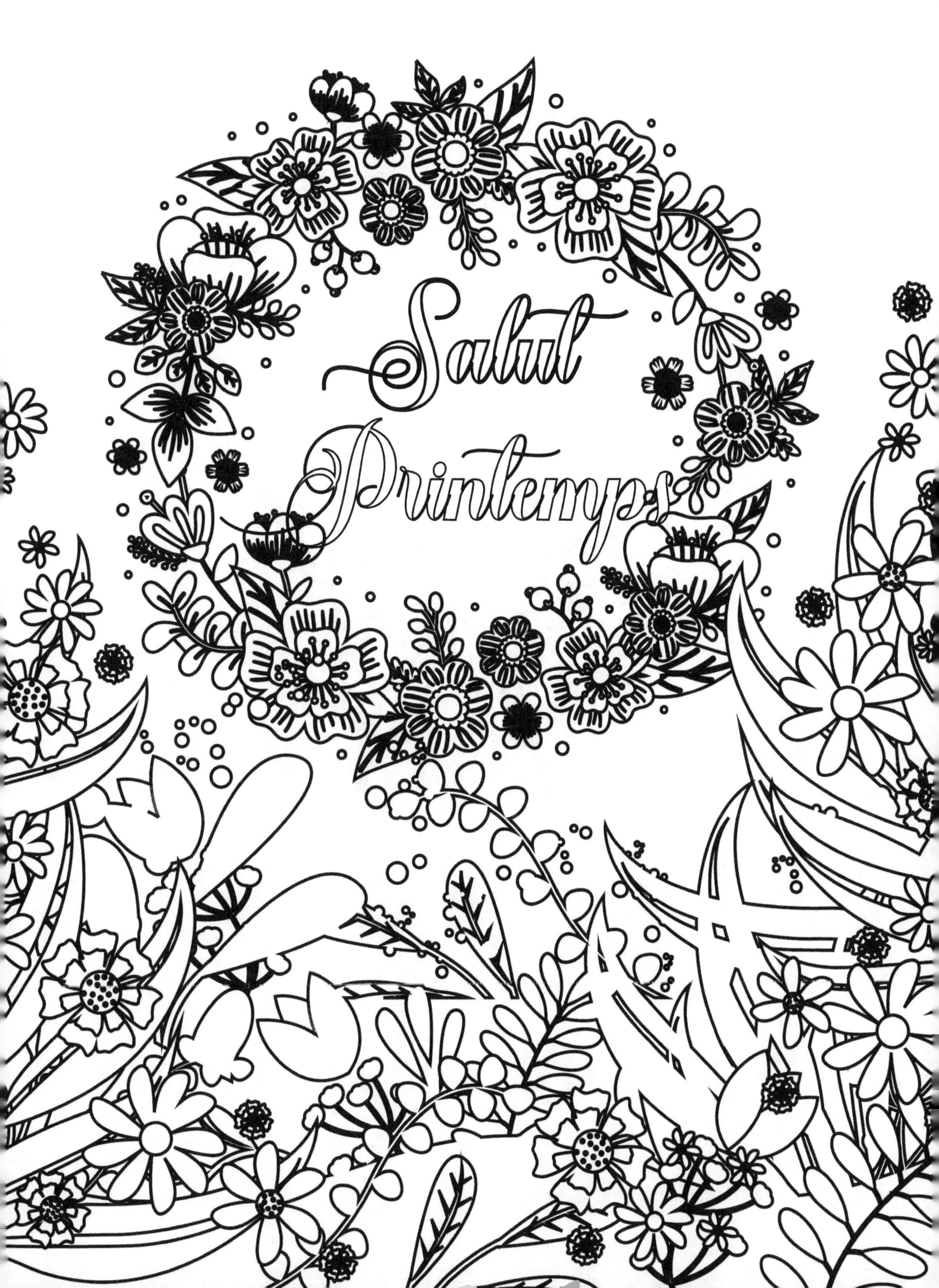
Salut
Printemps

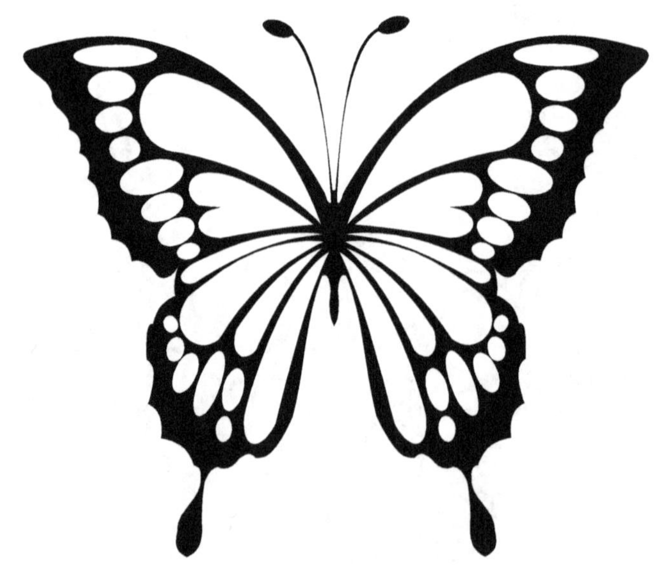

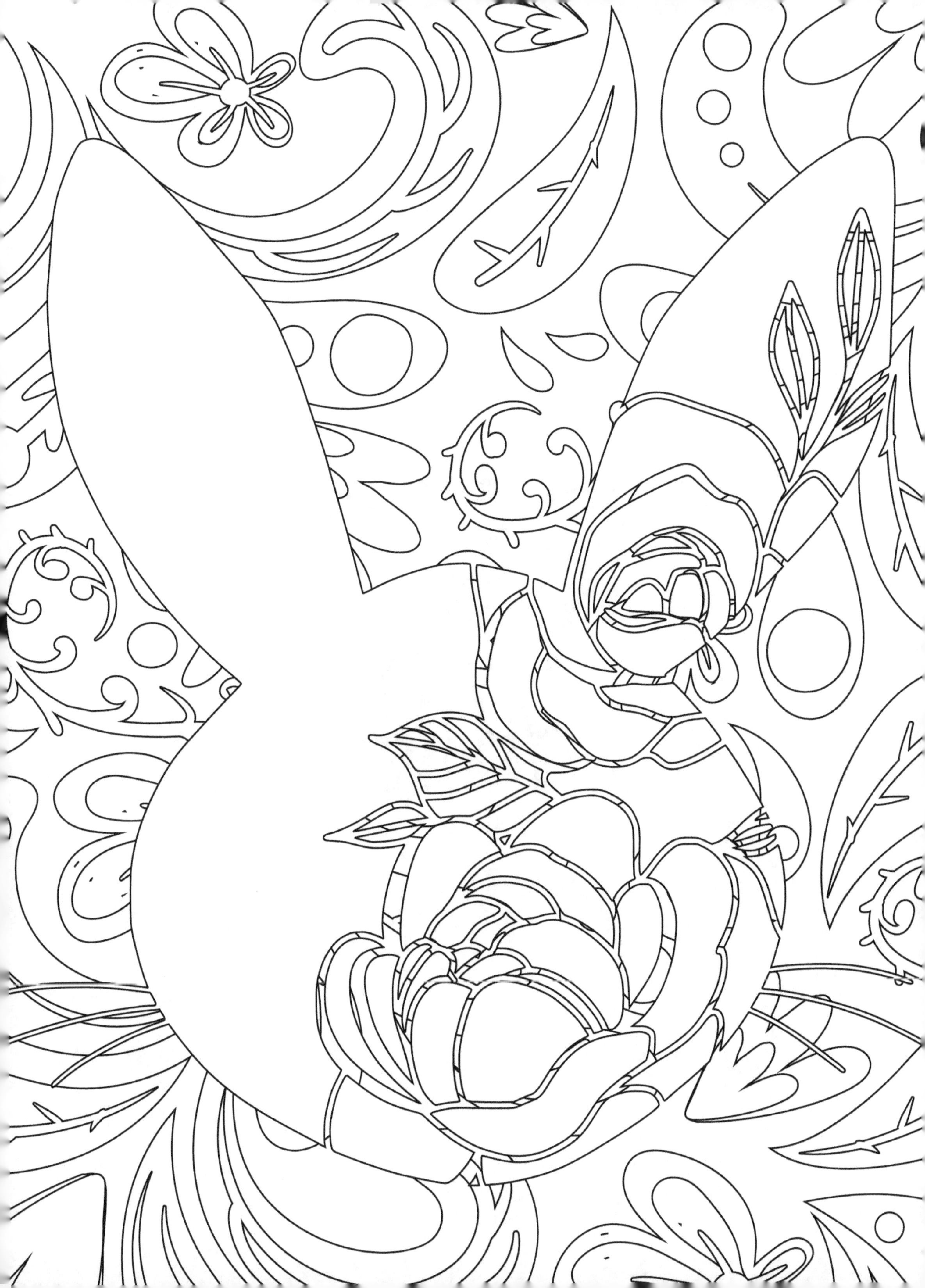

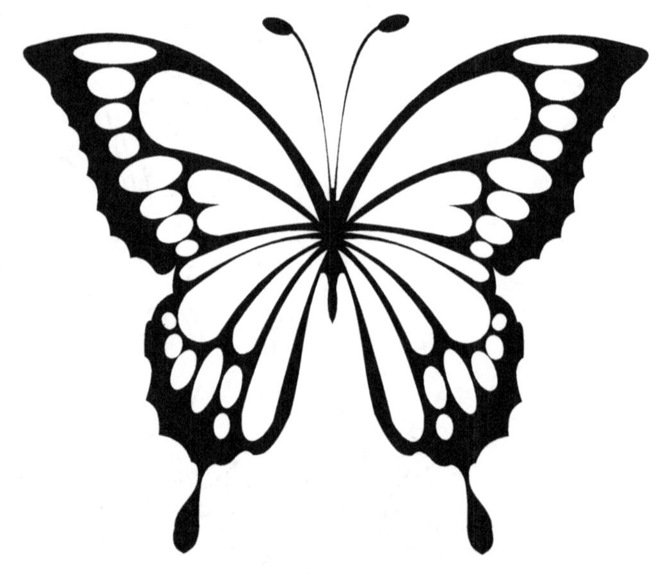

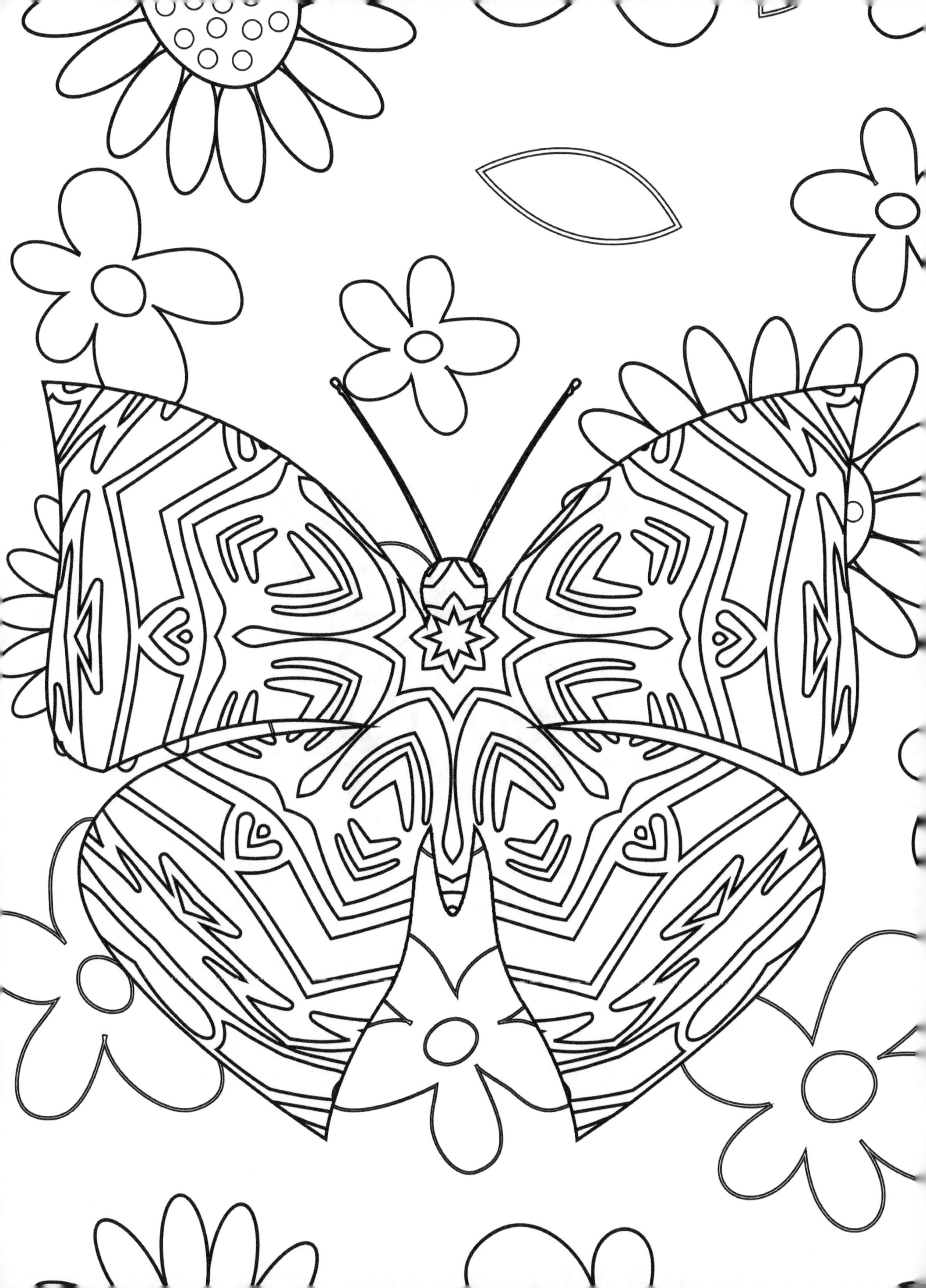

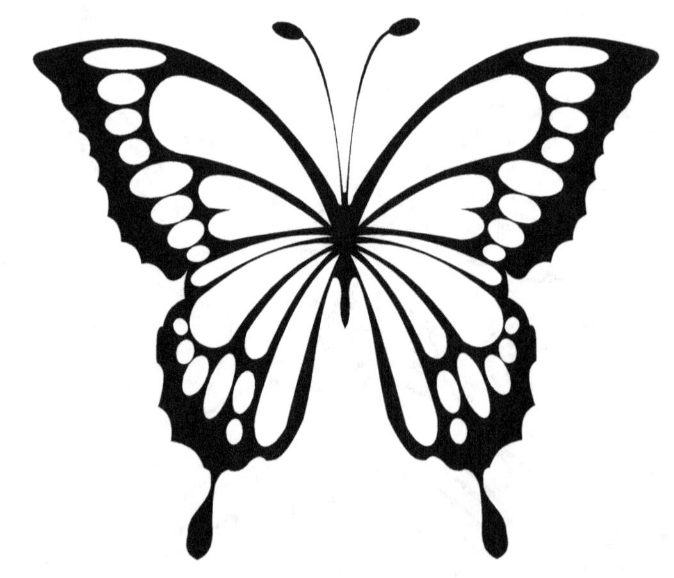

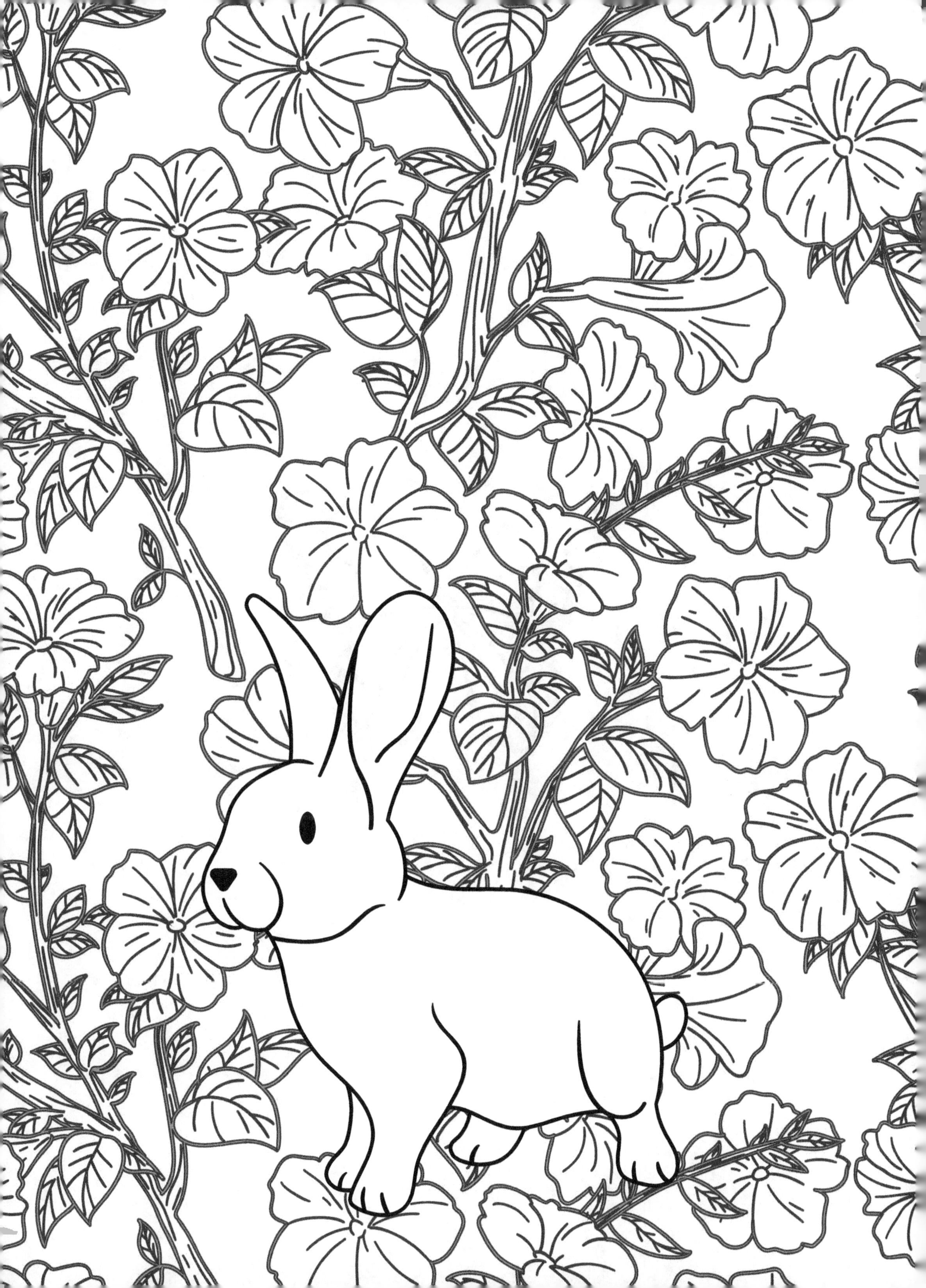

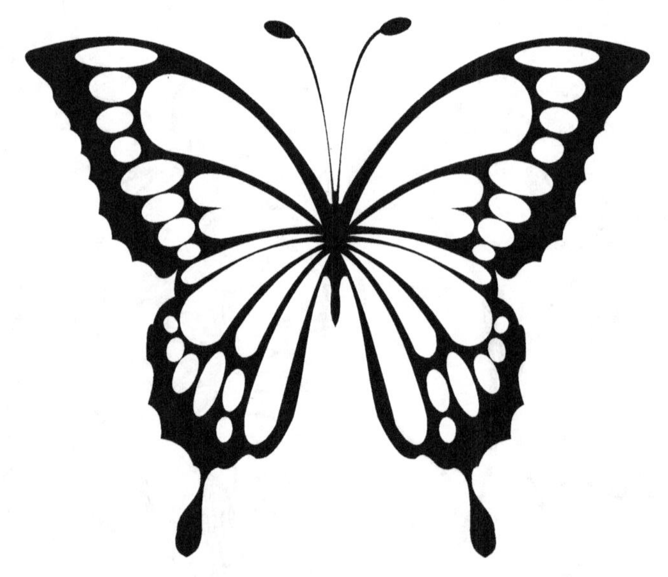

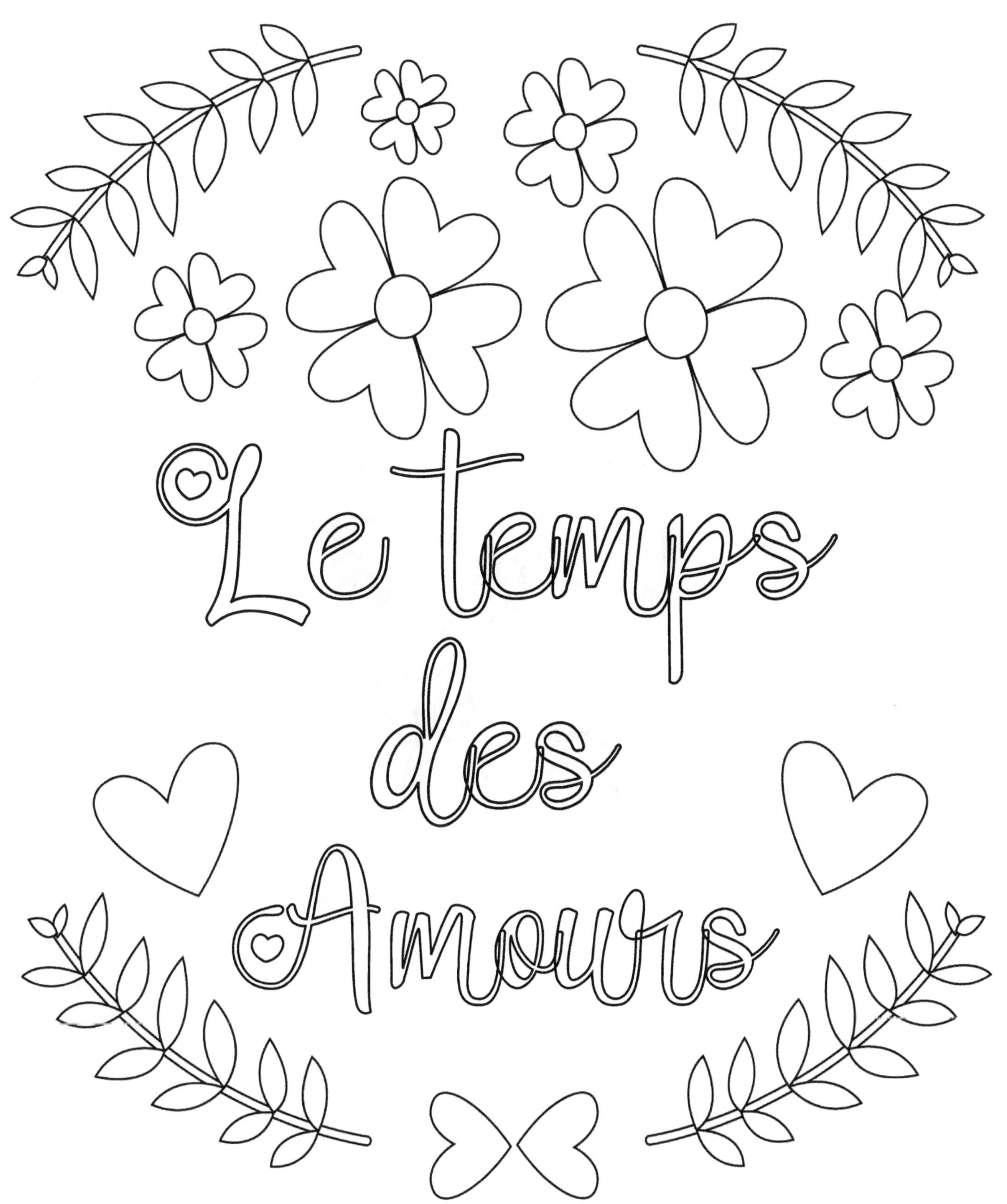

Le temps
des
Amours

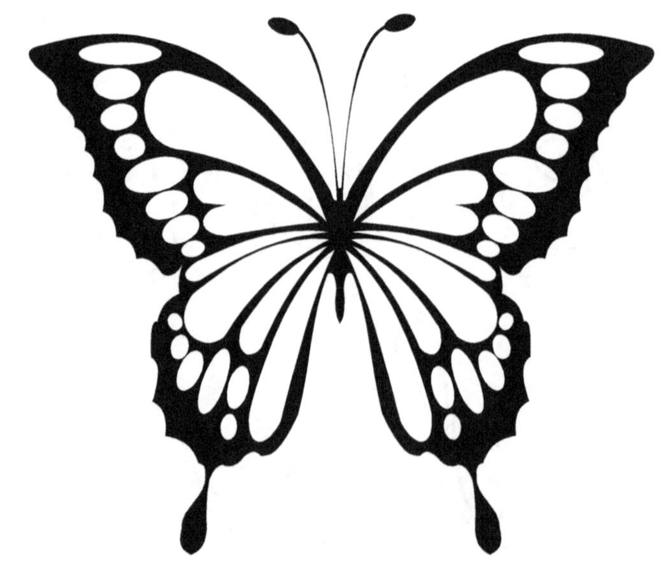

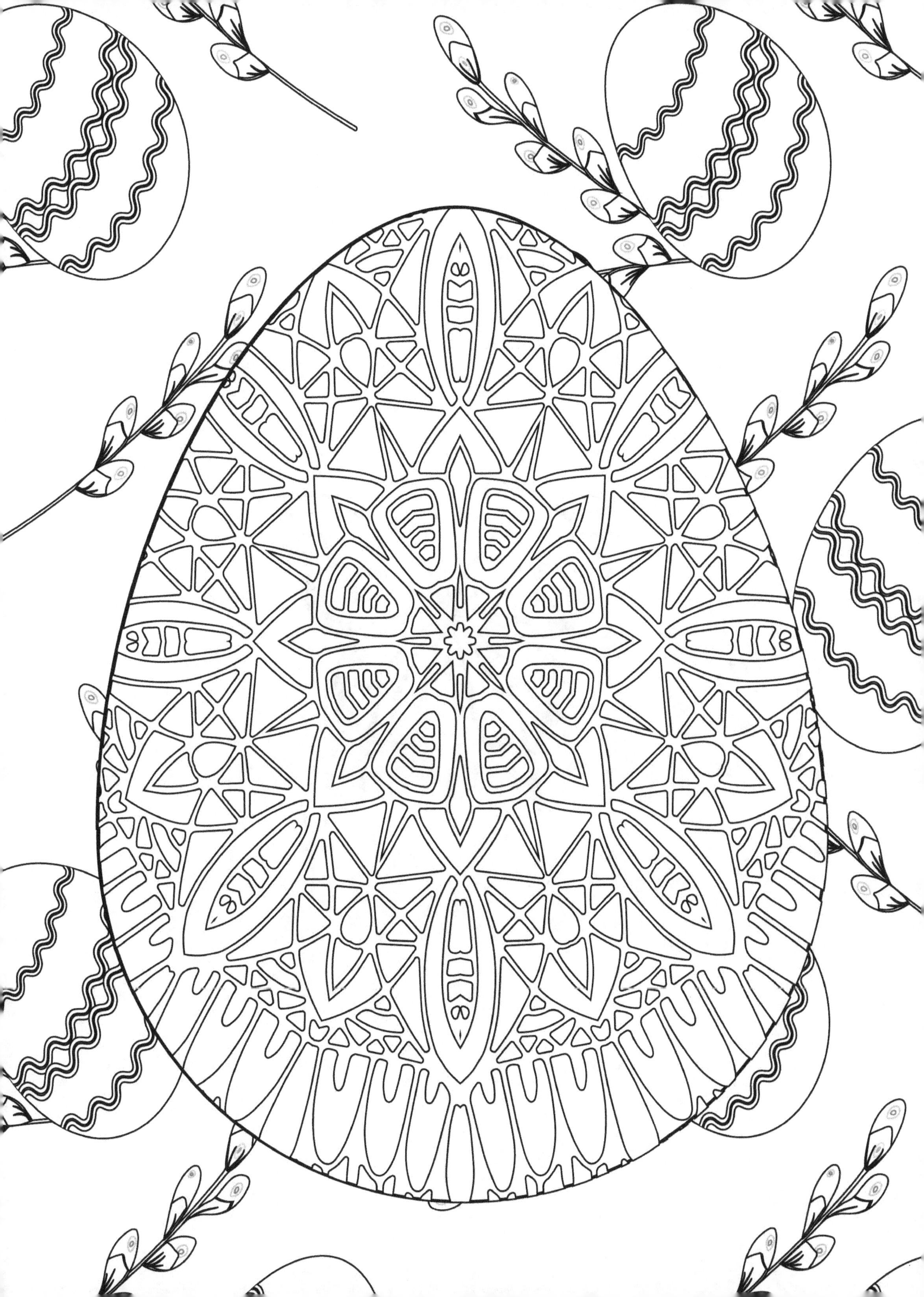

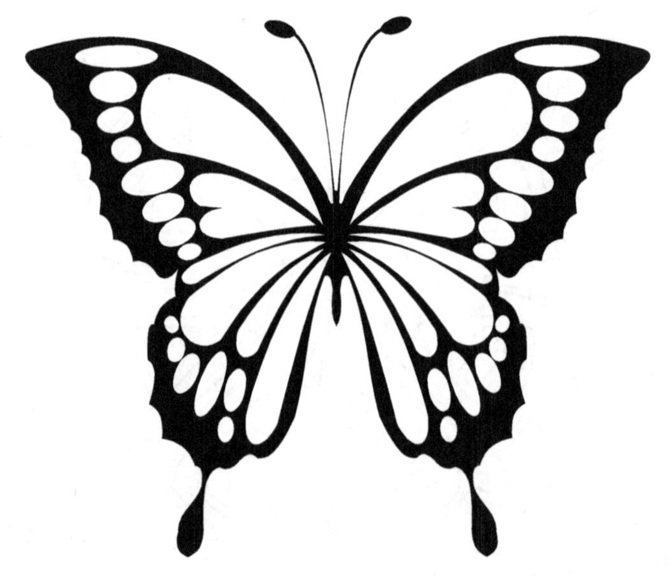

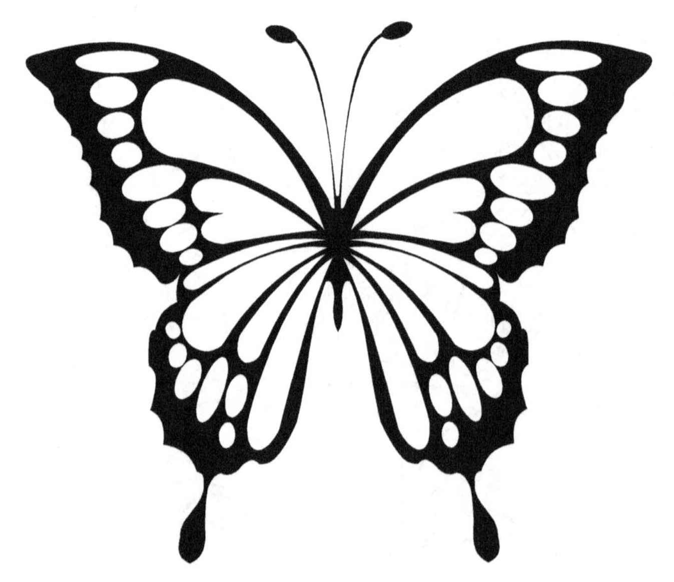

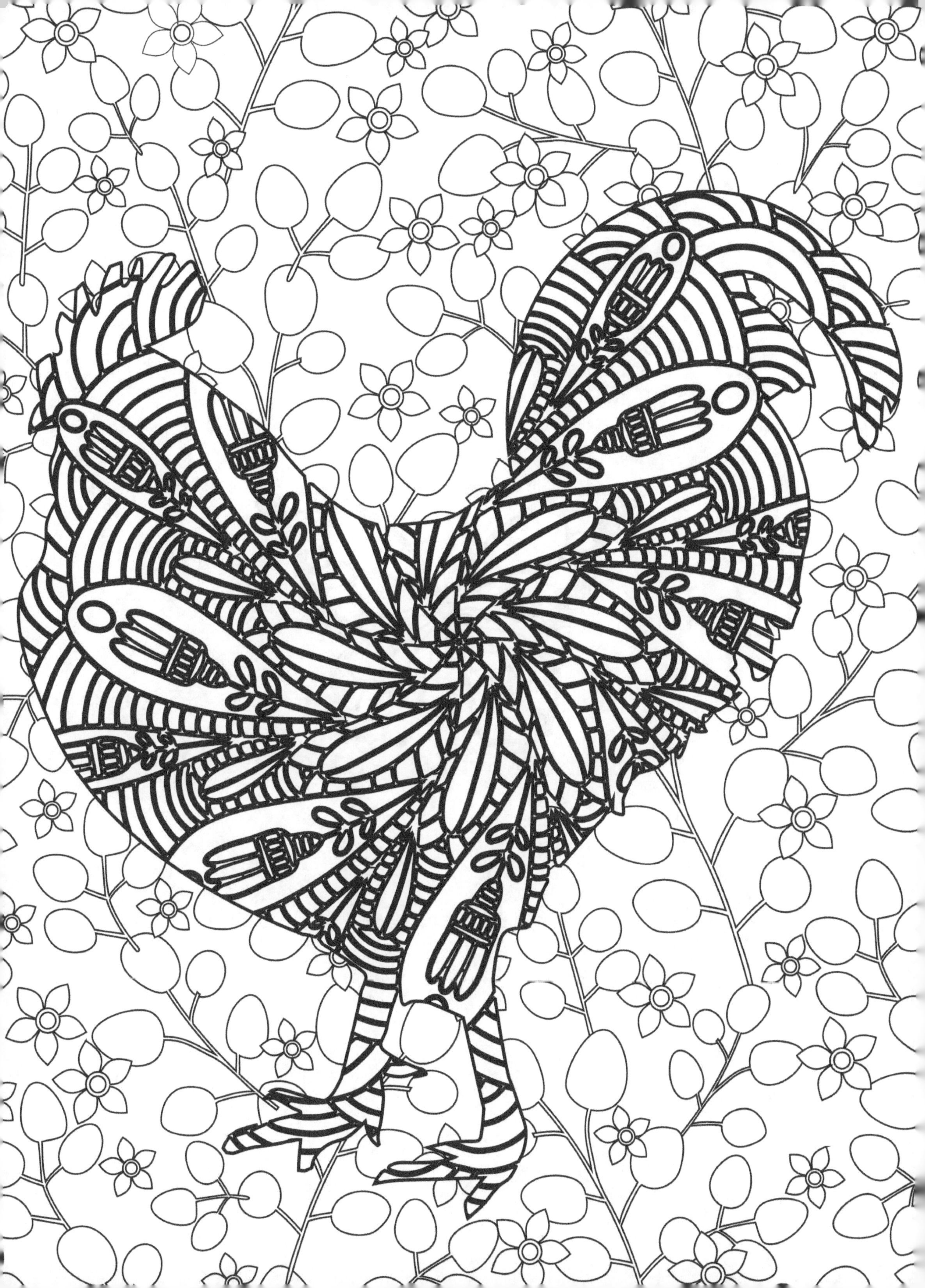

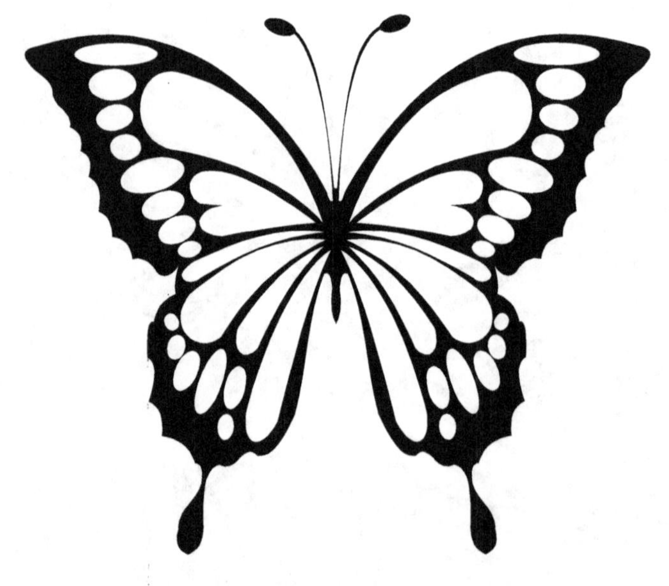

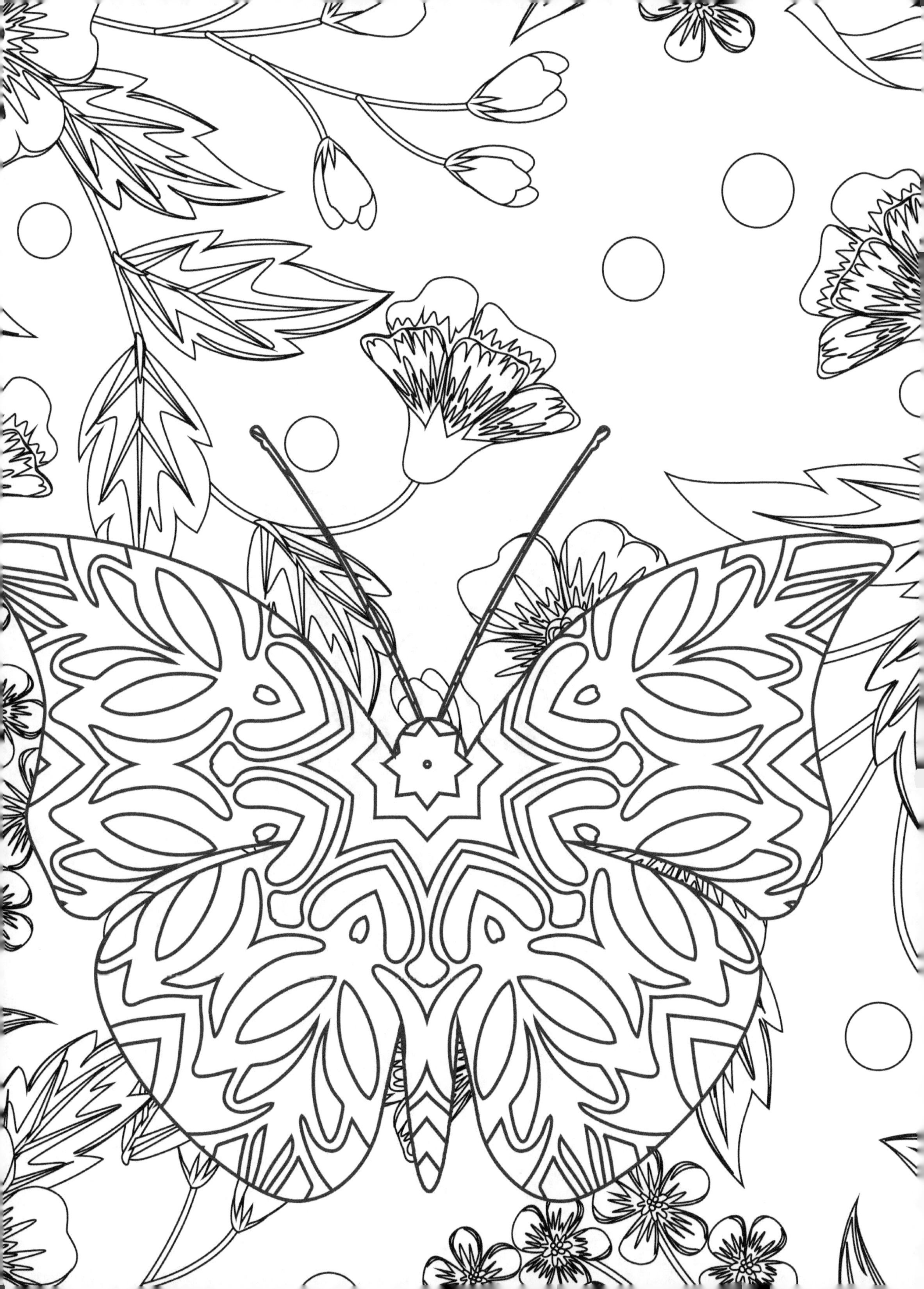

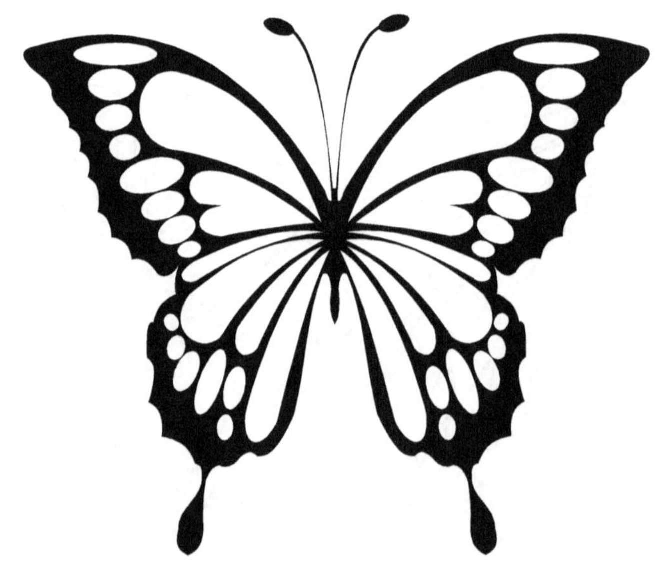

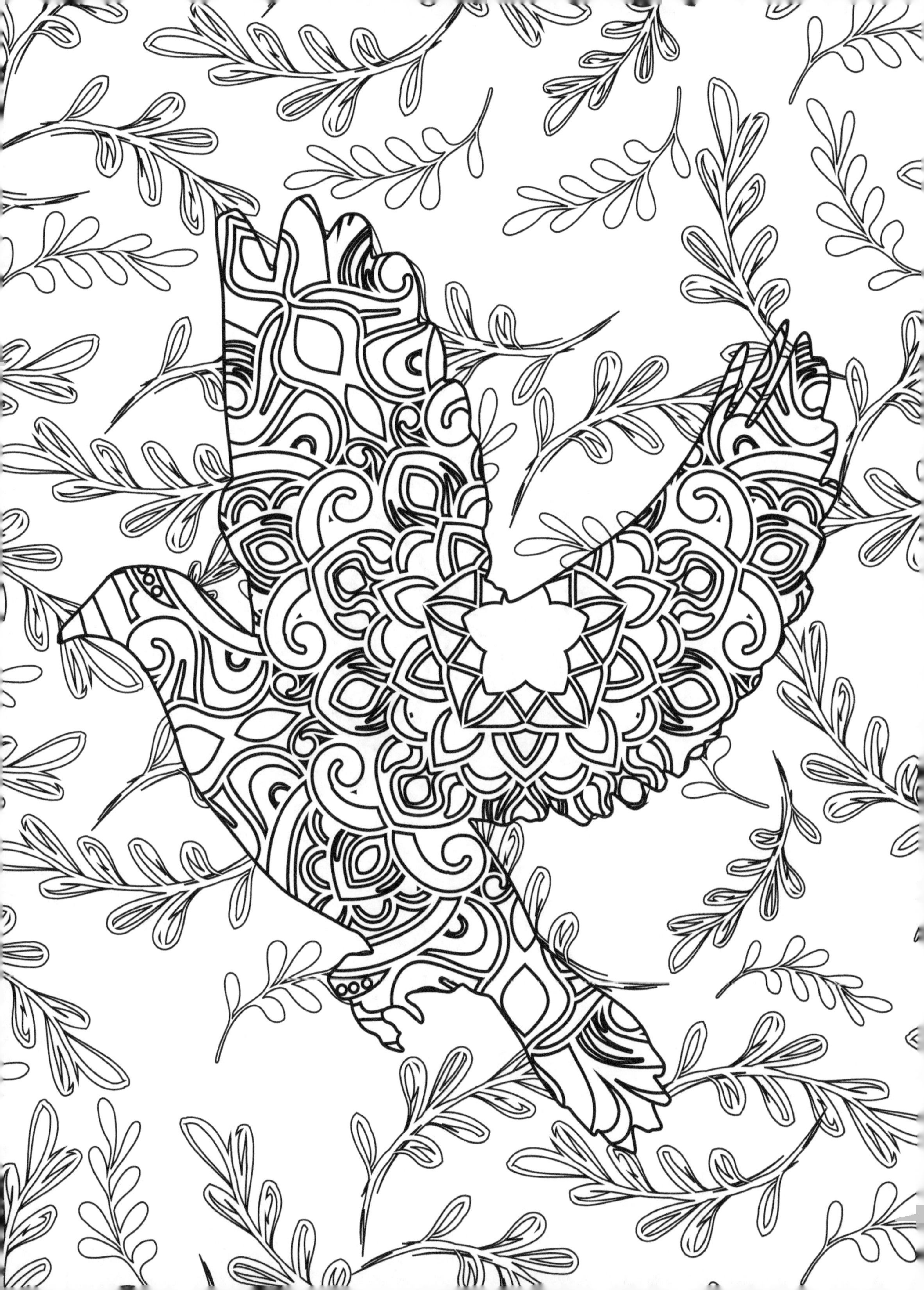

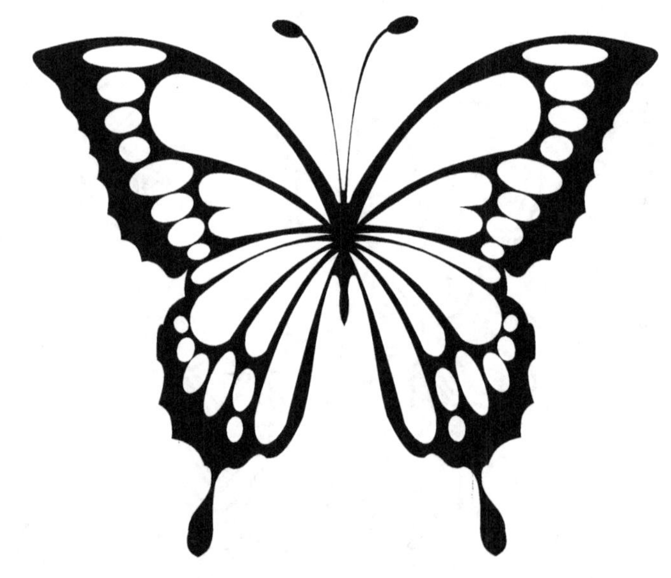

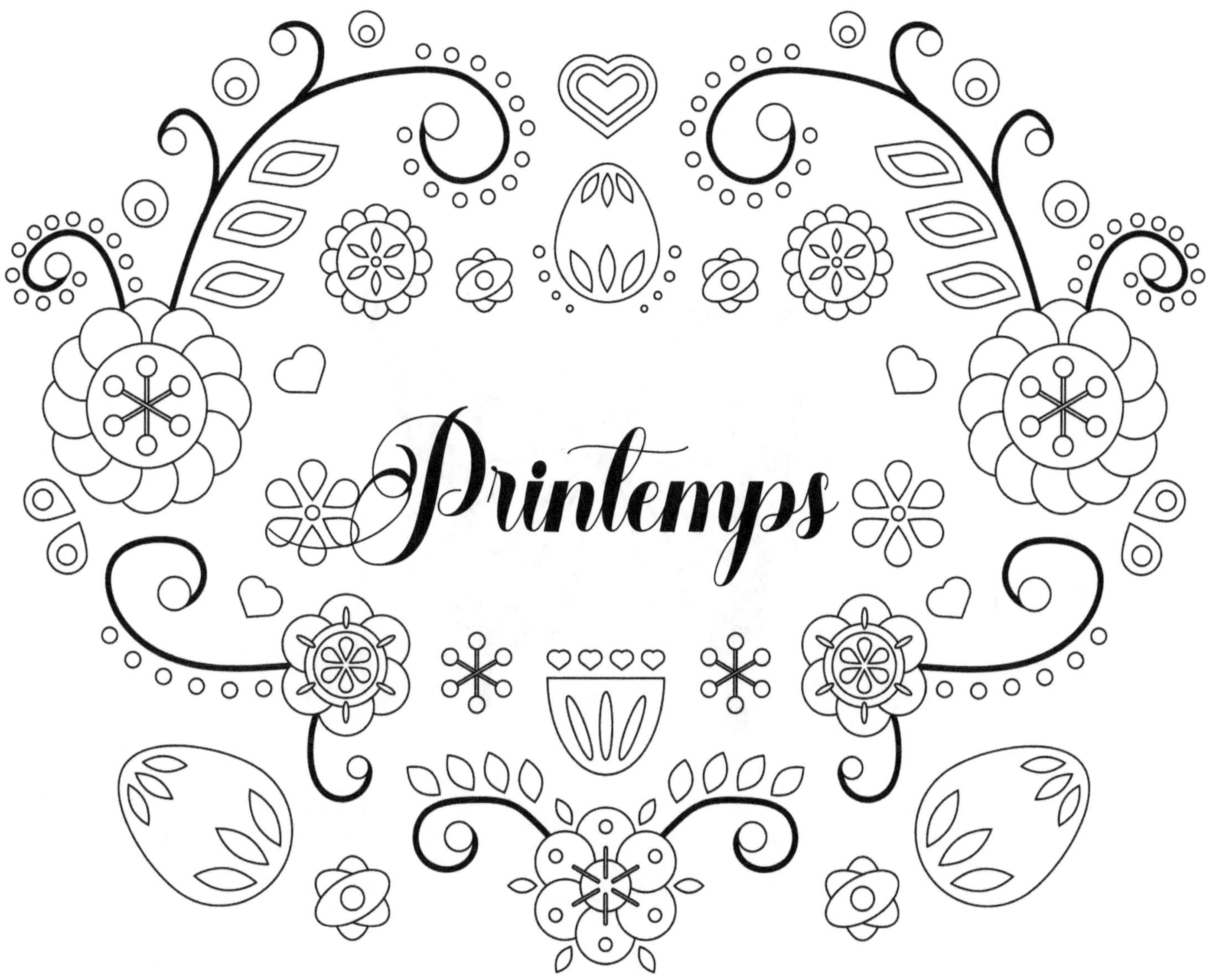
Printemps

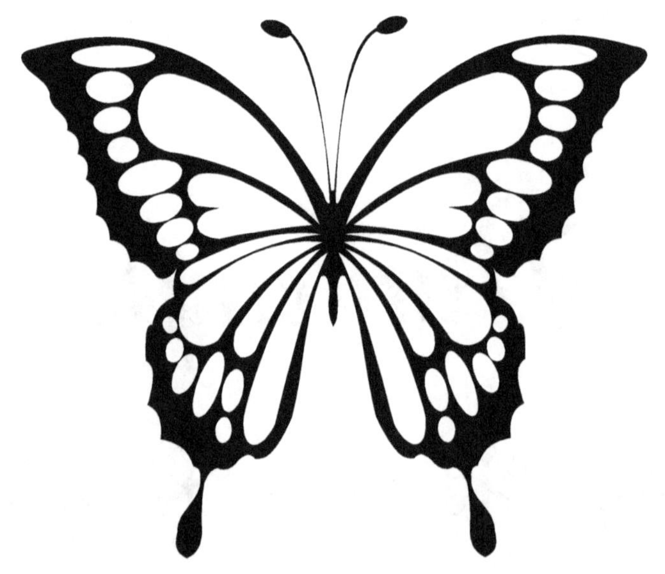

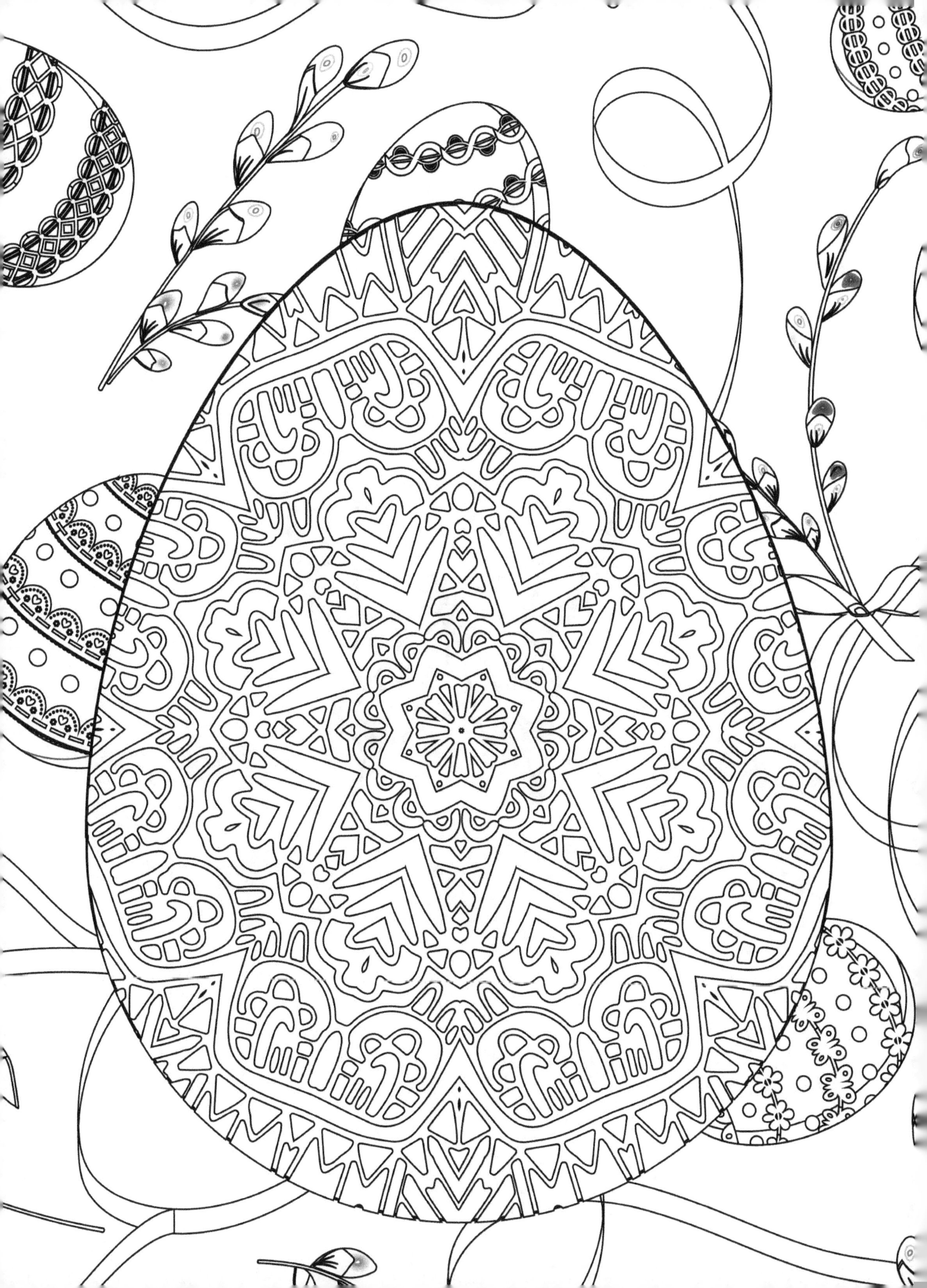

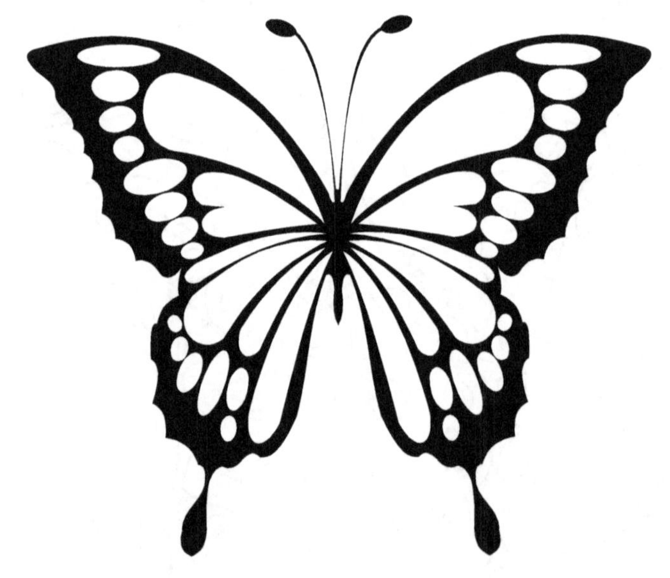

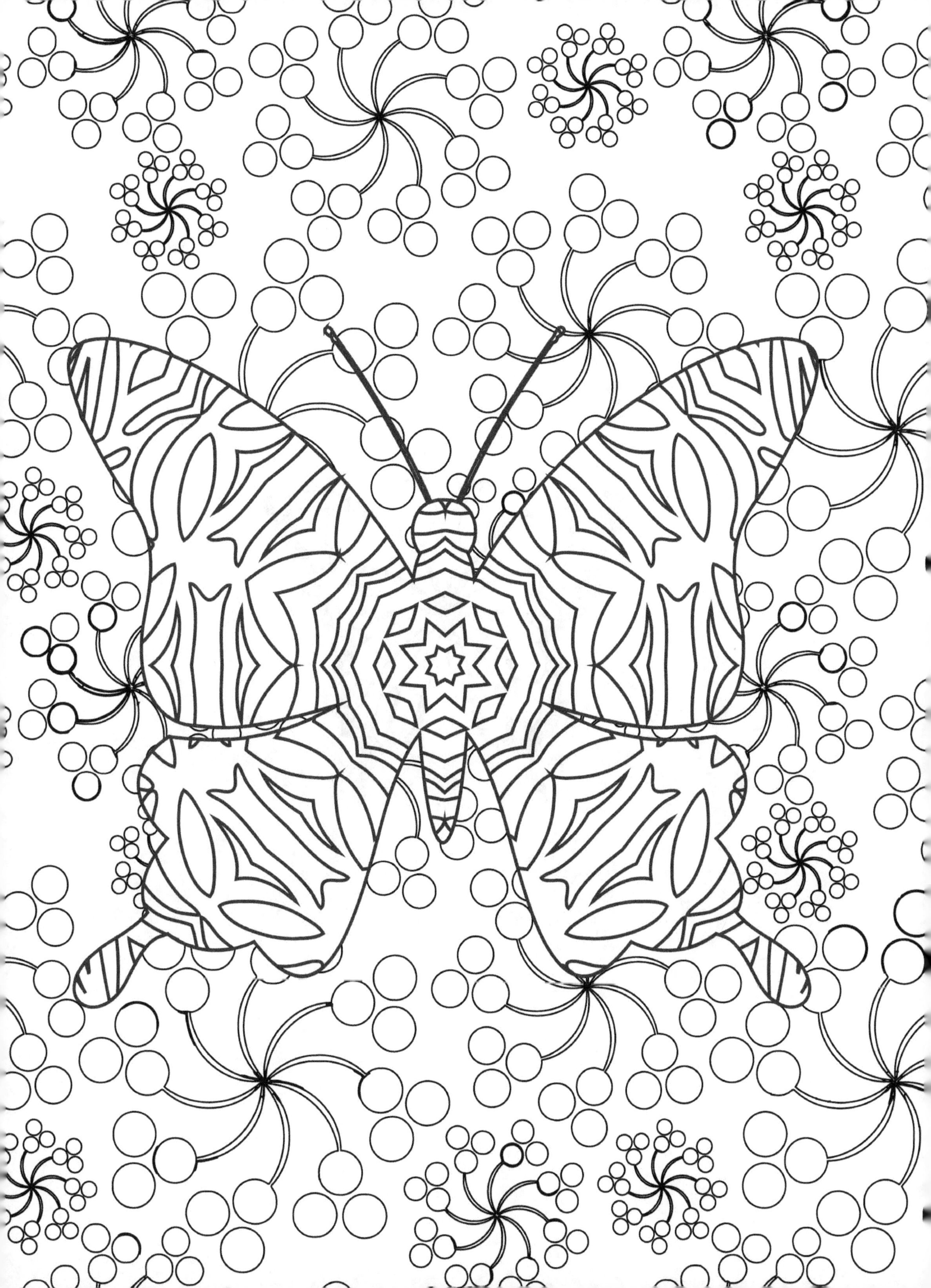

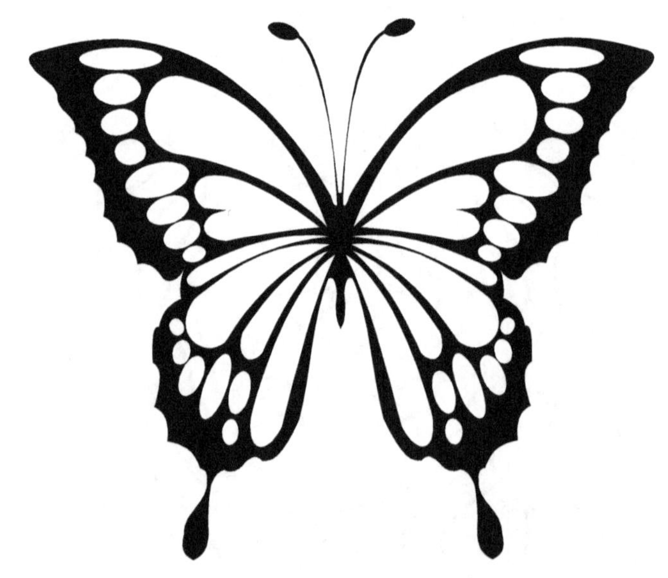

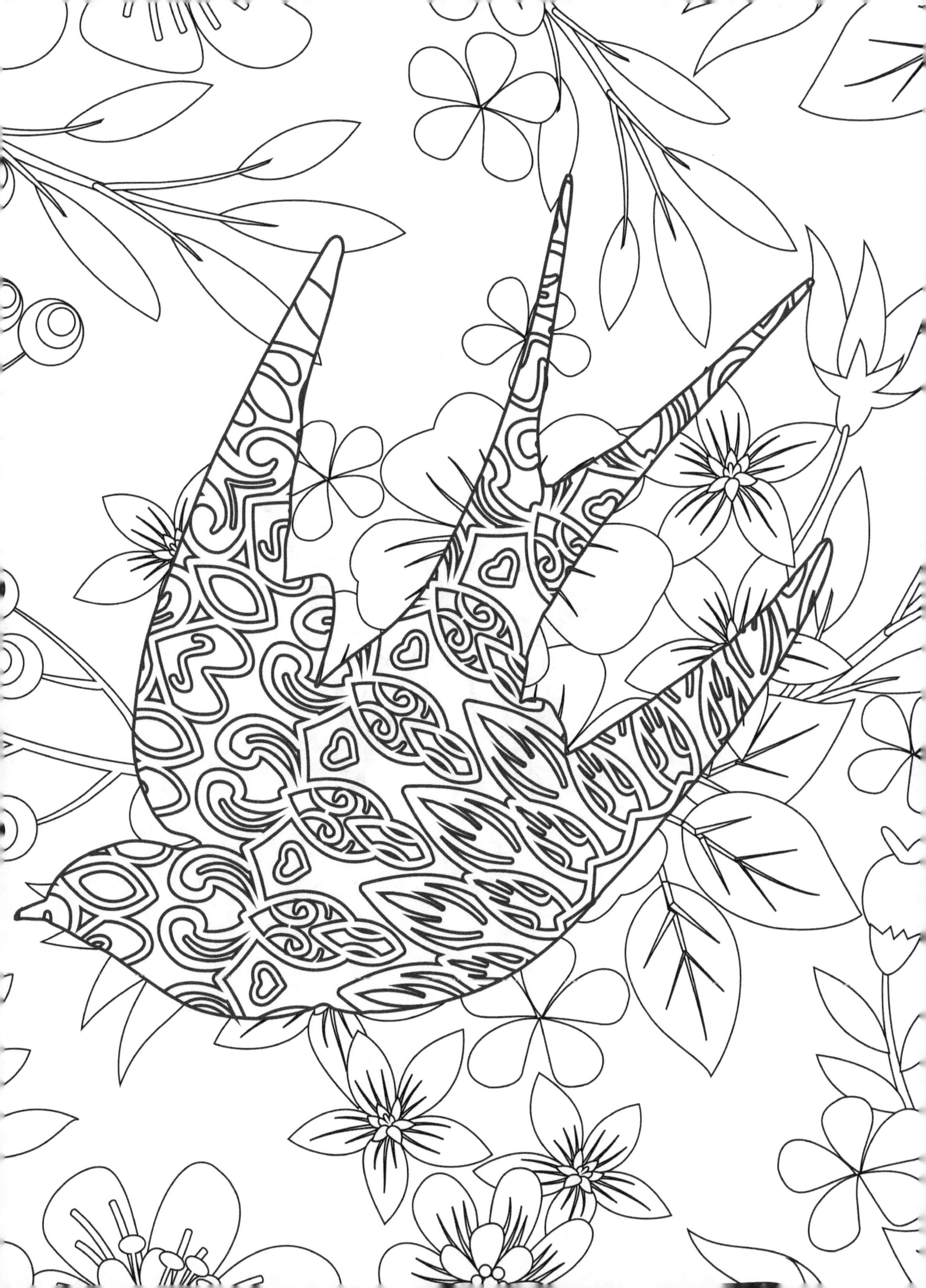

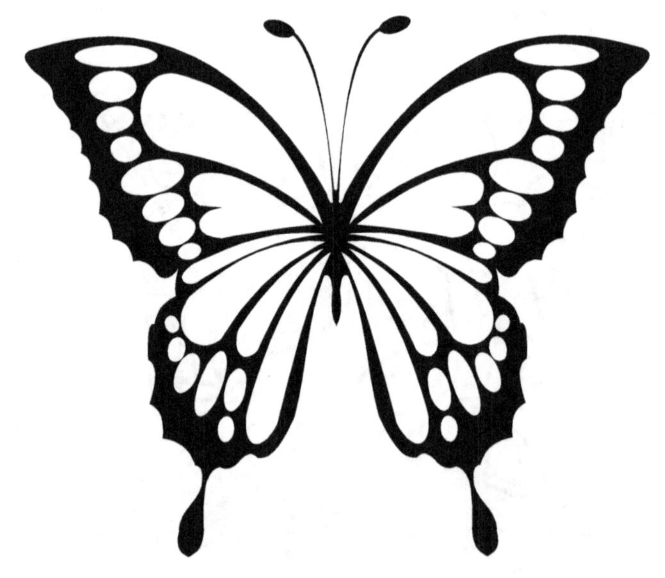

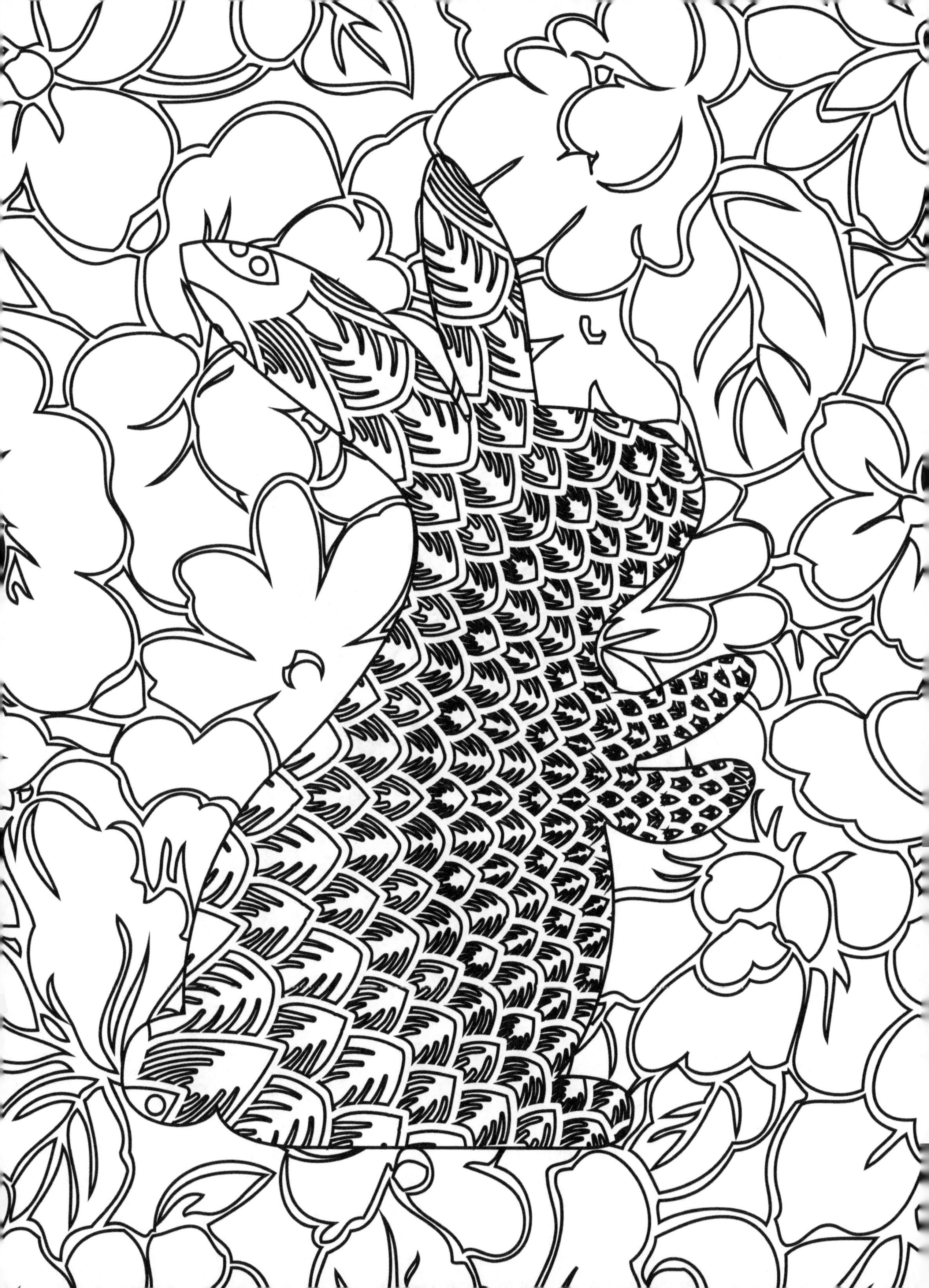

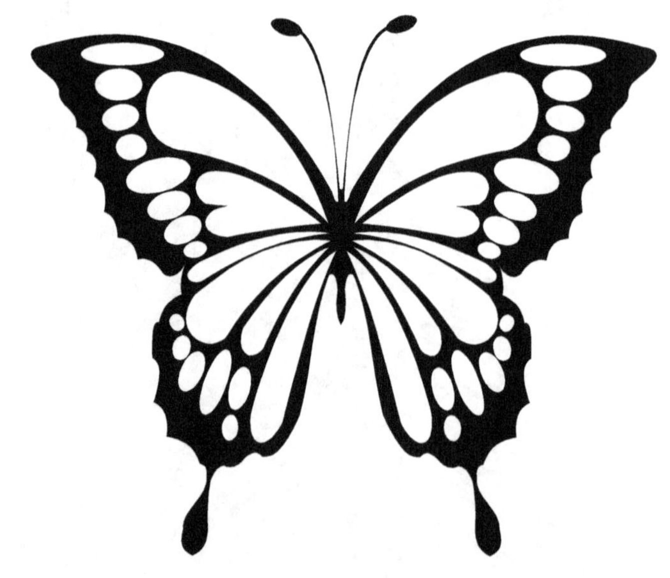

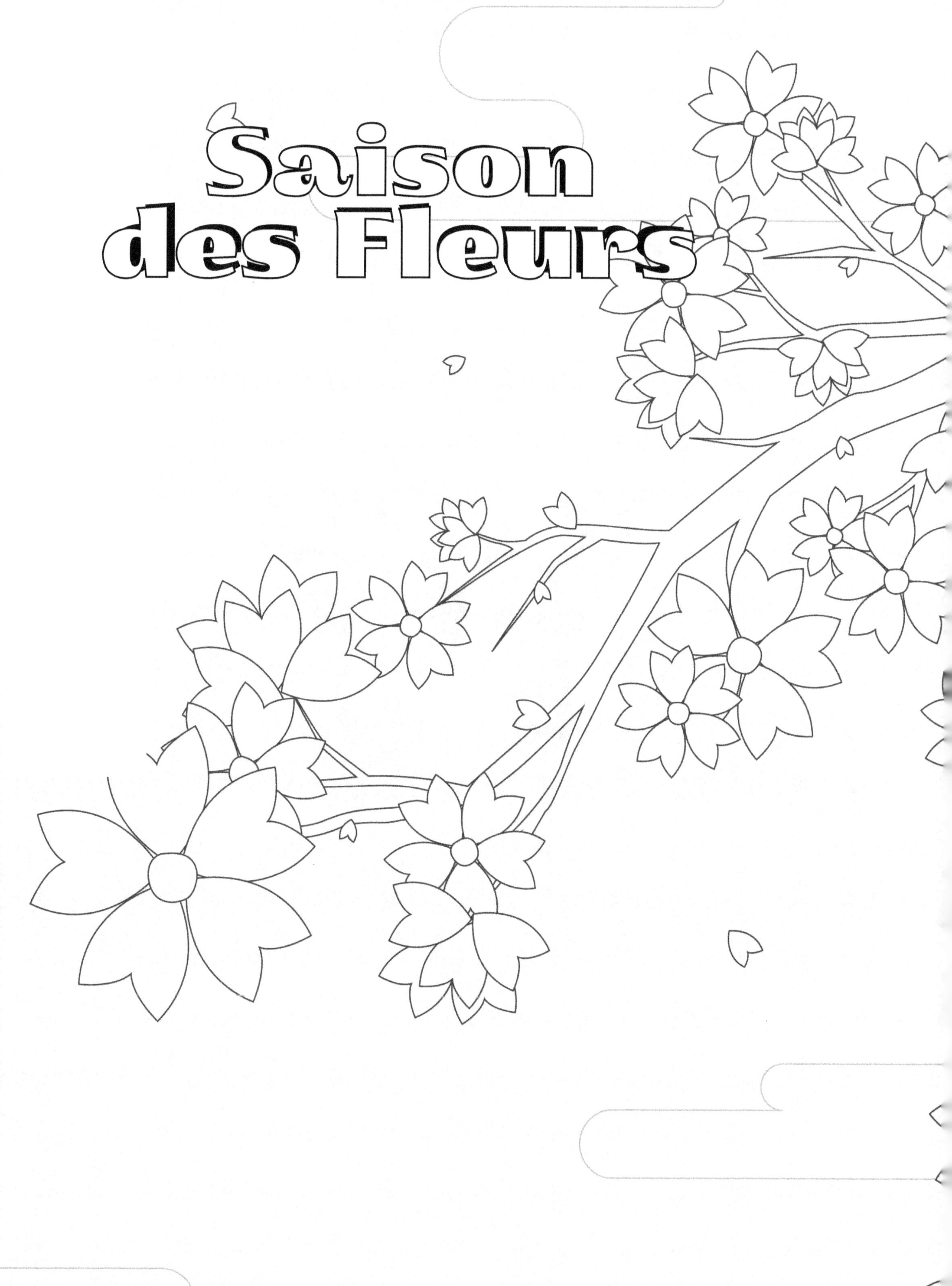

Saison
des Fleurs

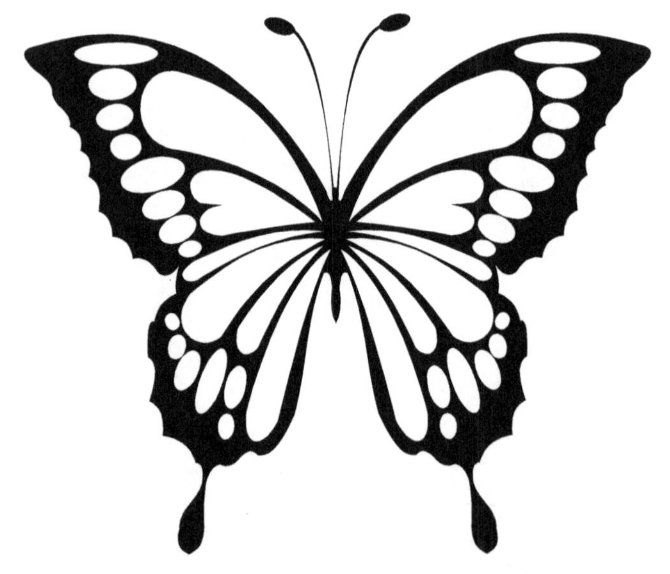

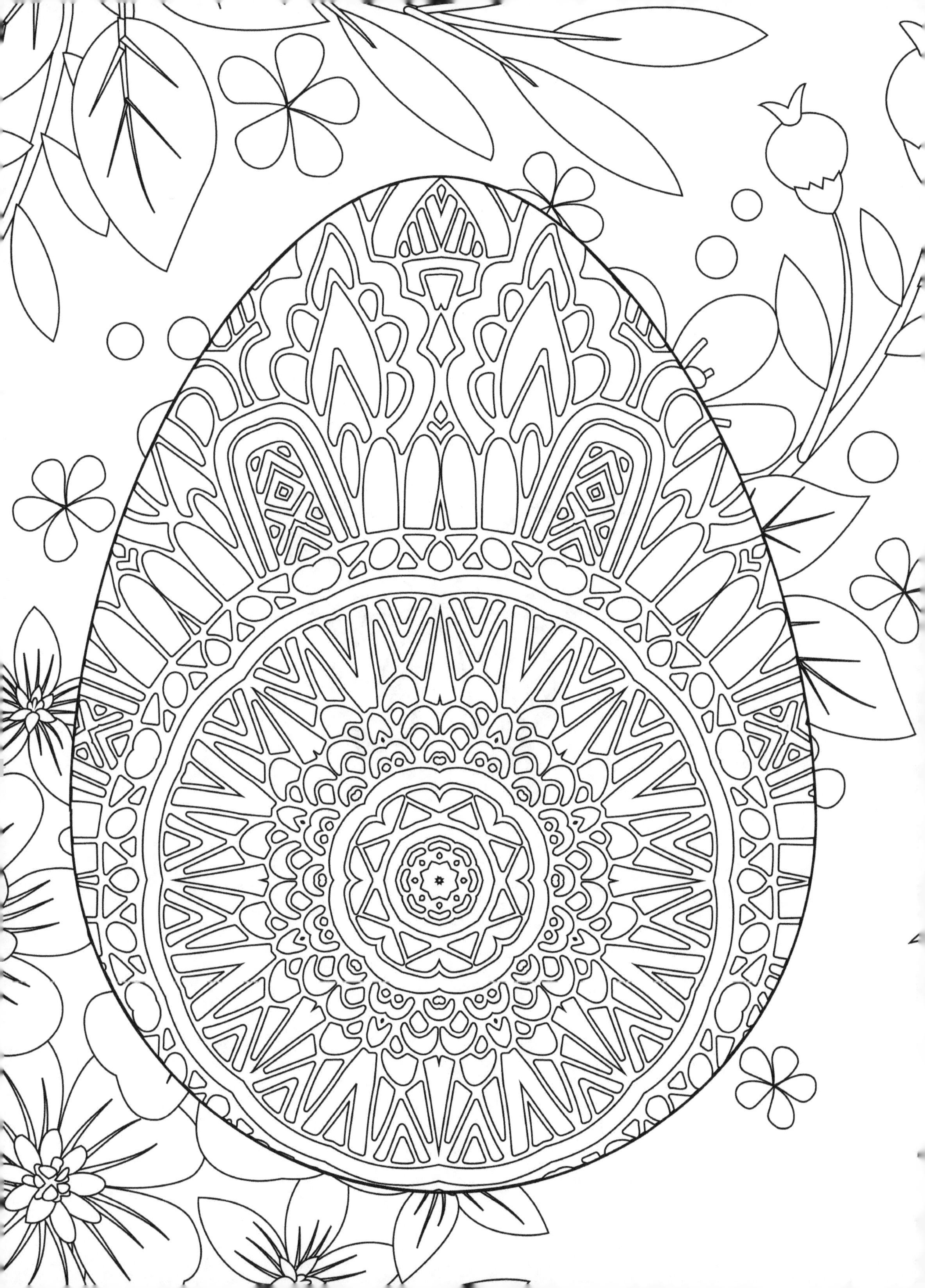

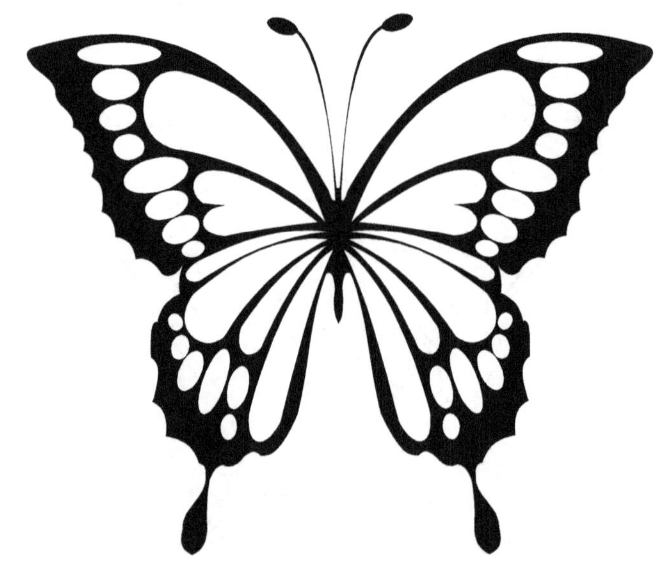

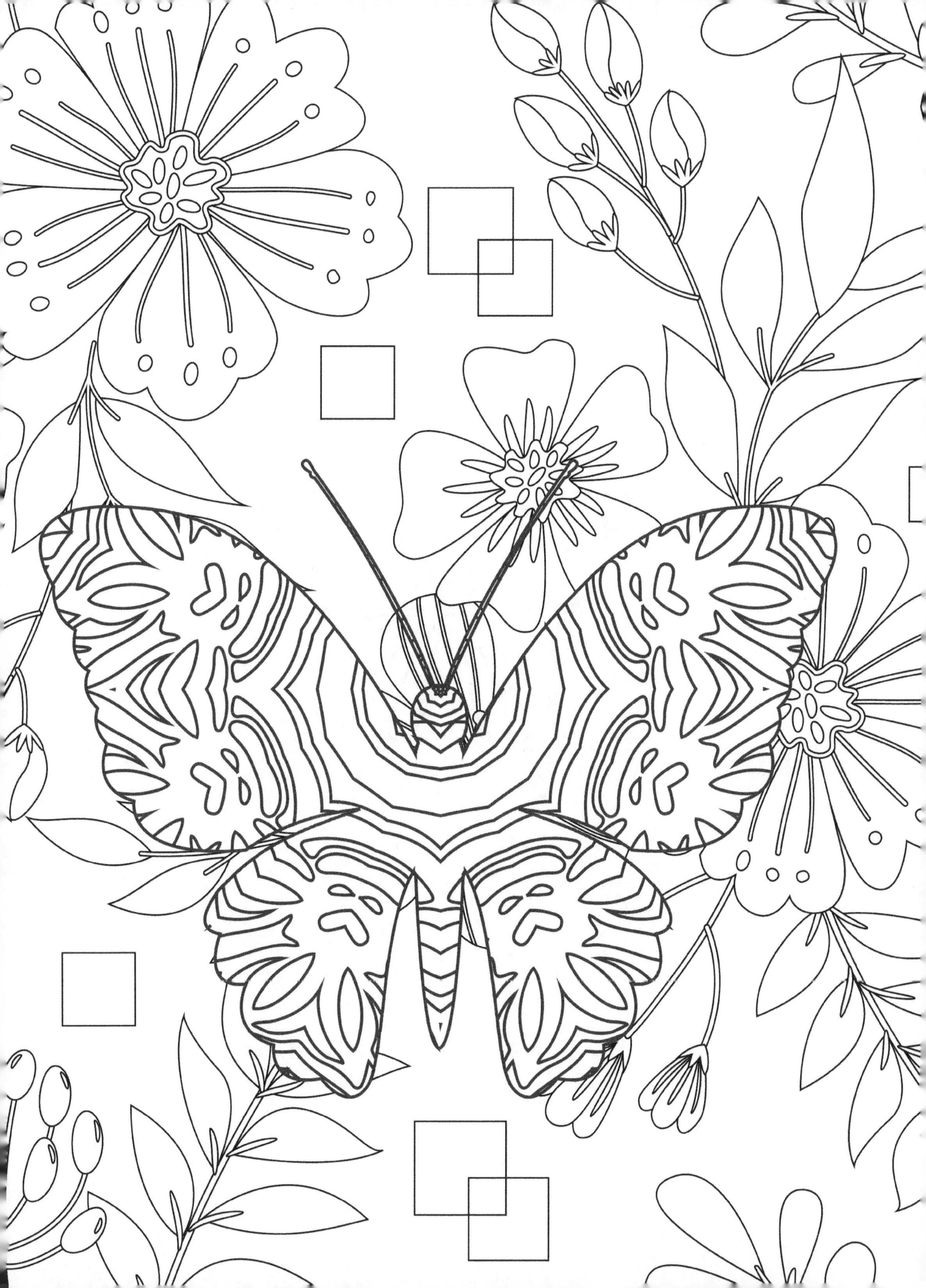

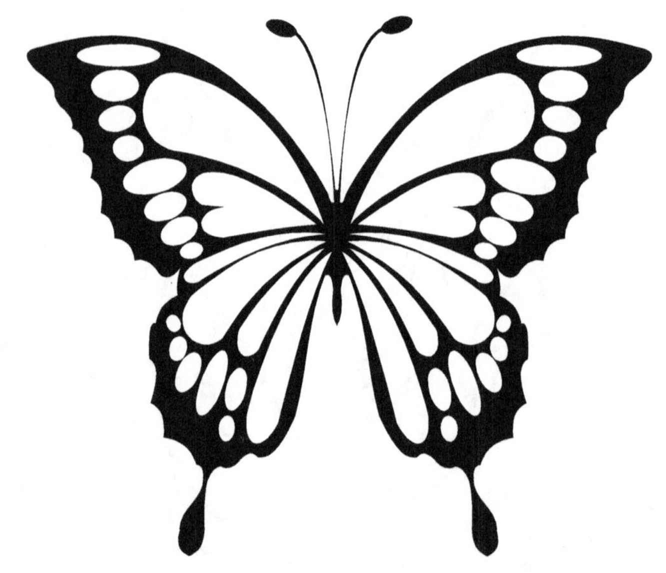

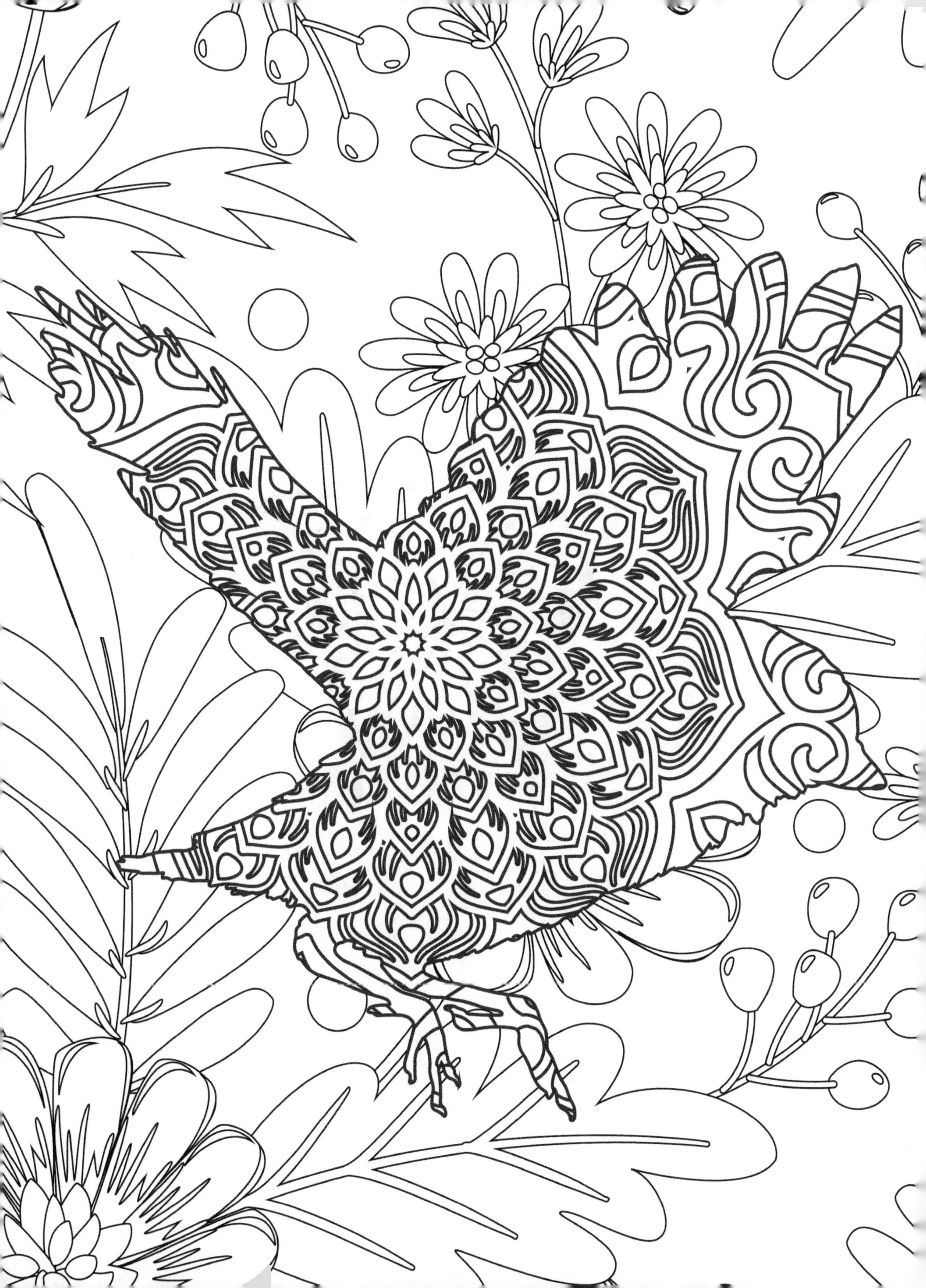

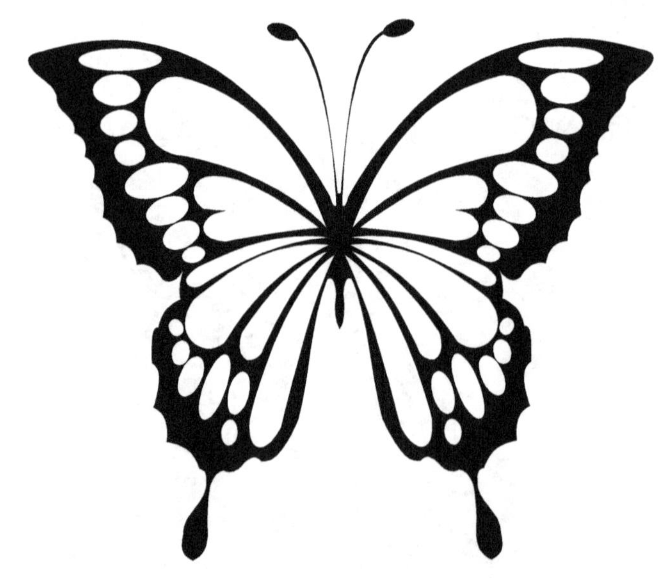

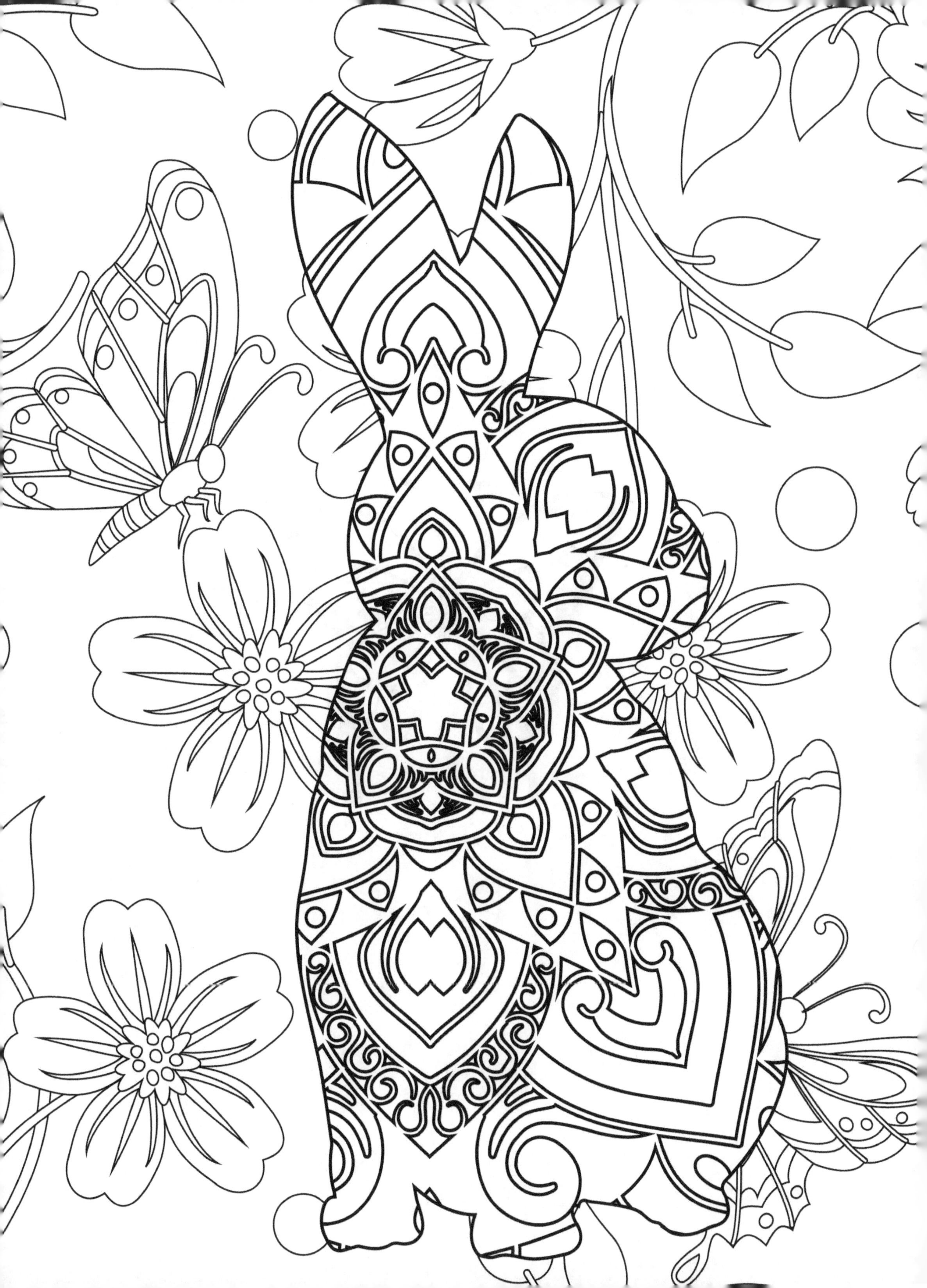

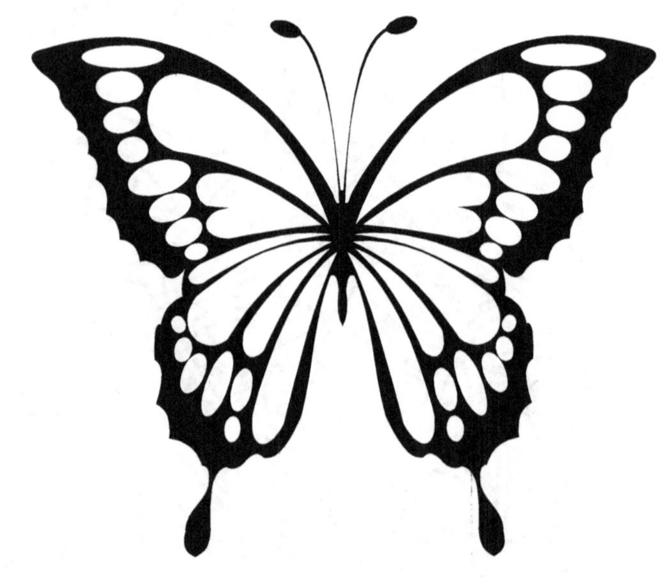

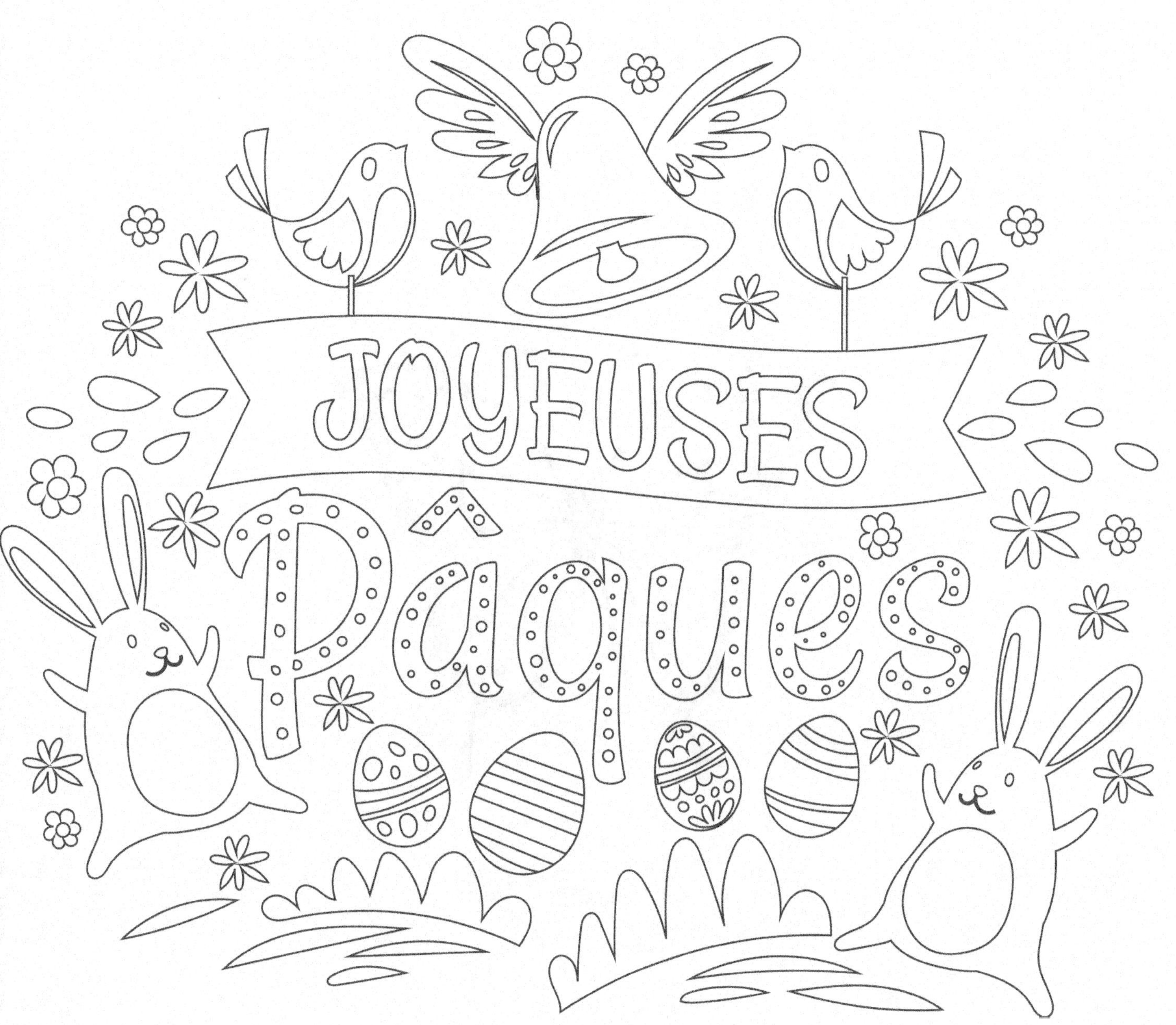
JOYEUSES
PÂQUES

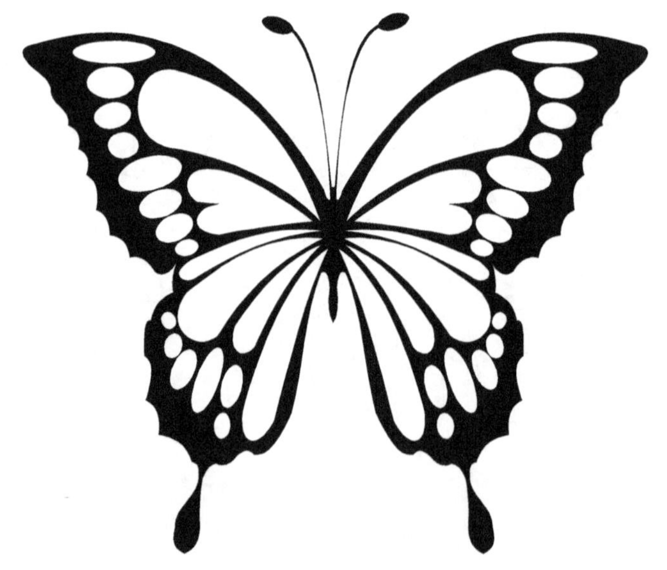

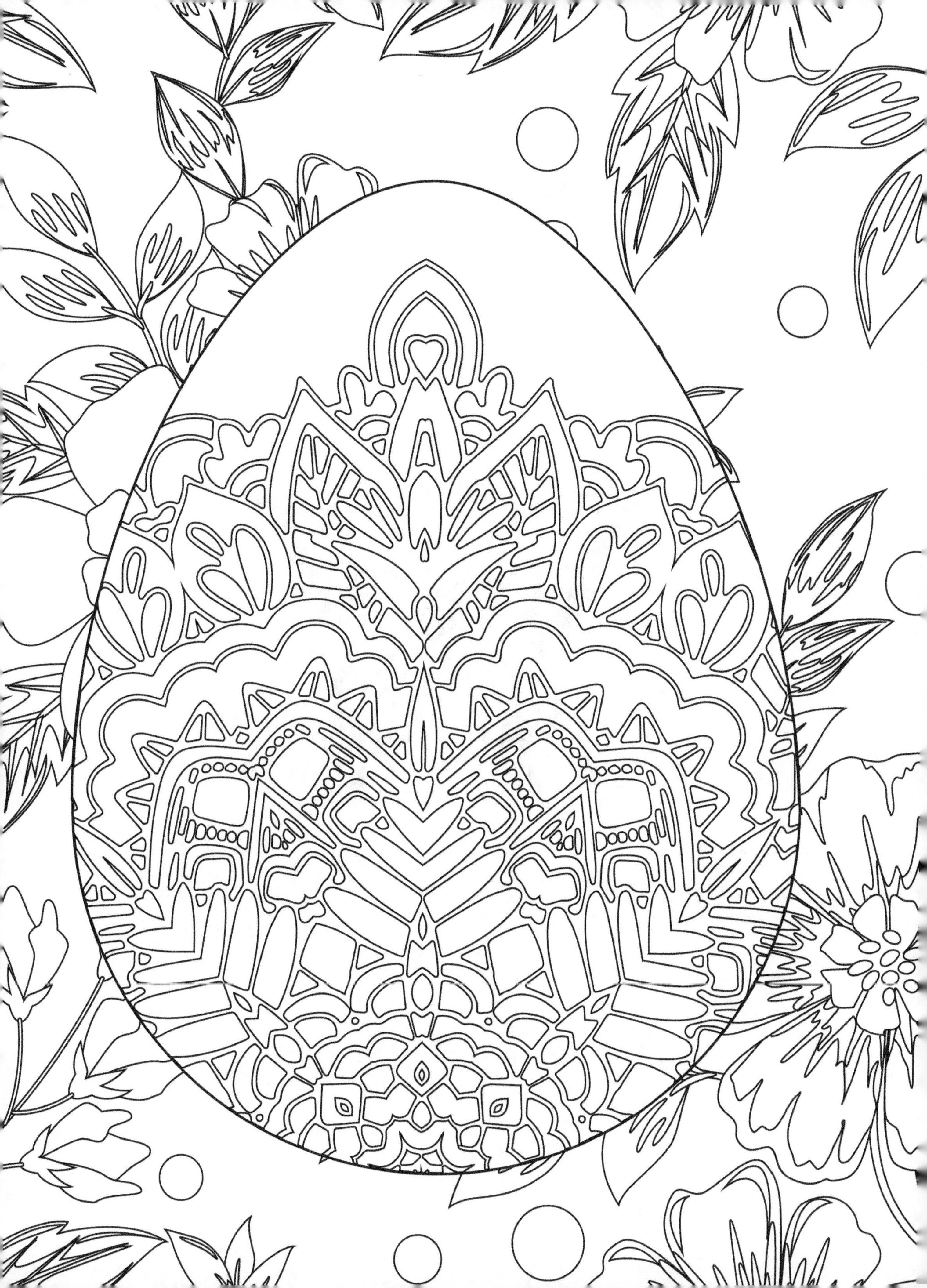

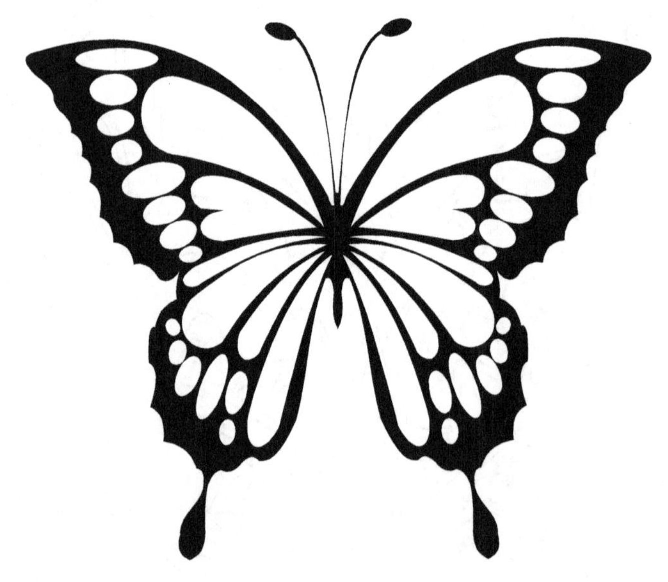

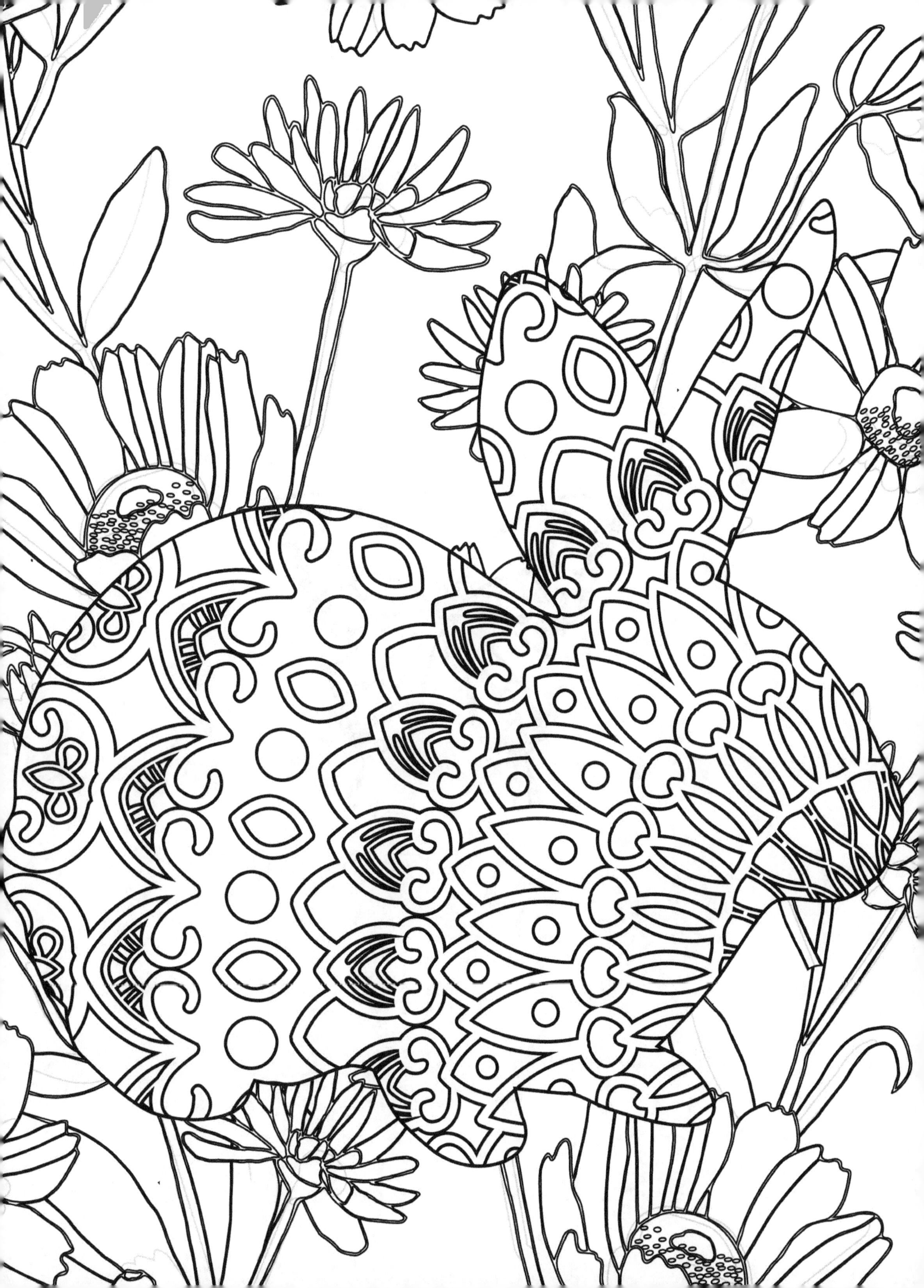

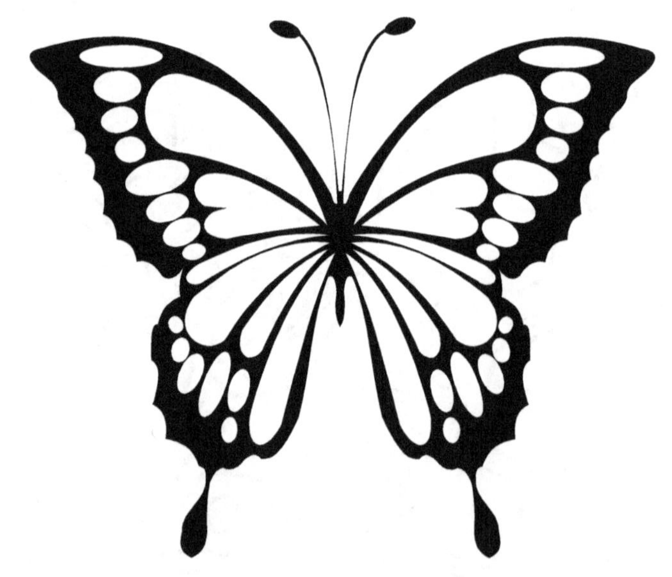

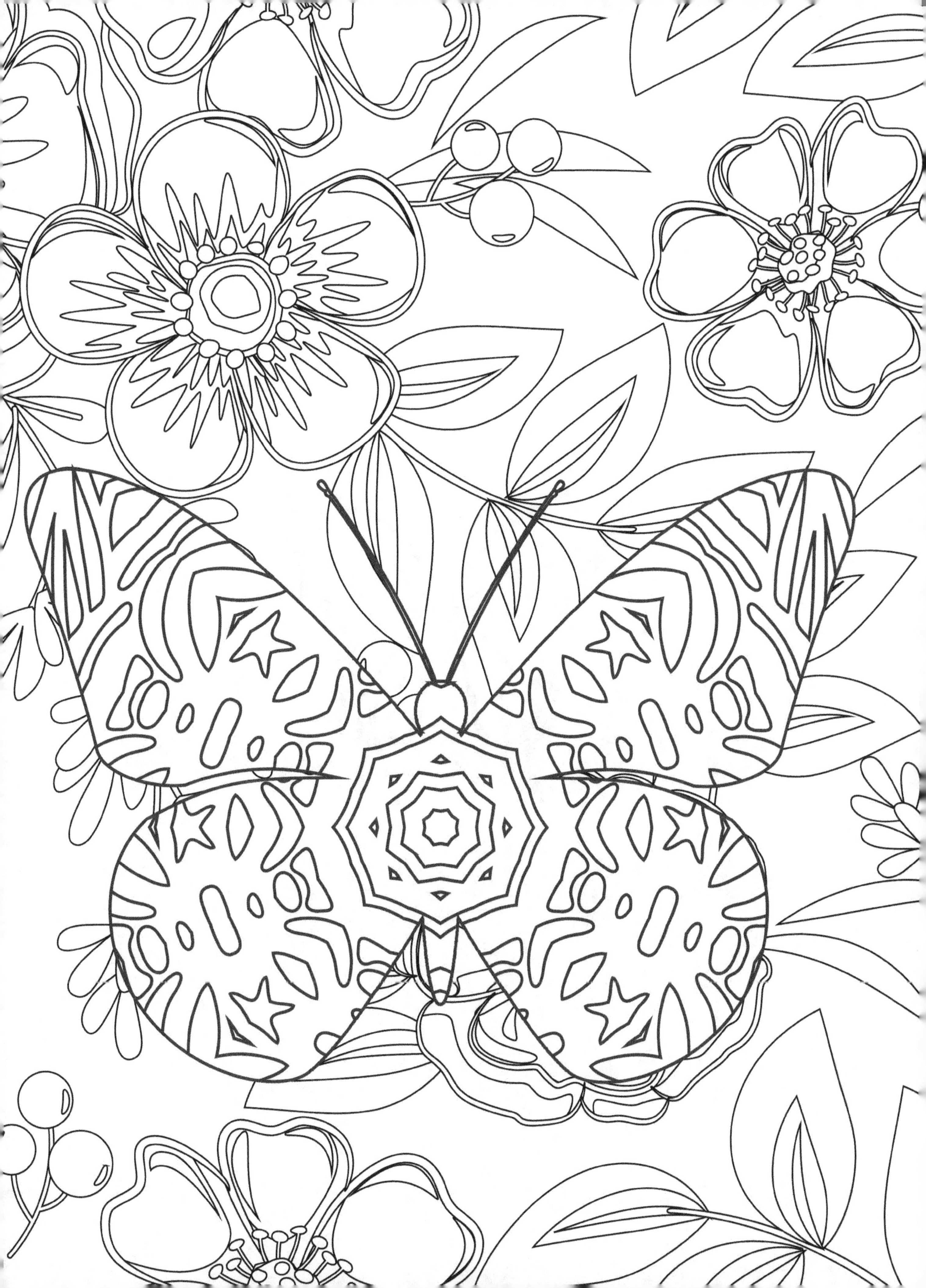

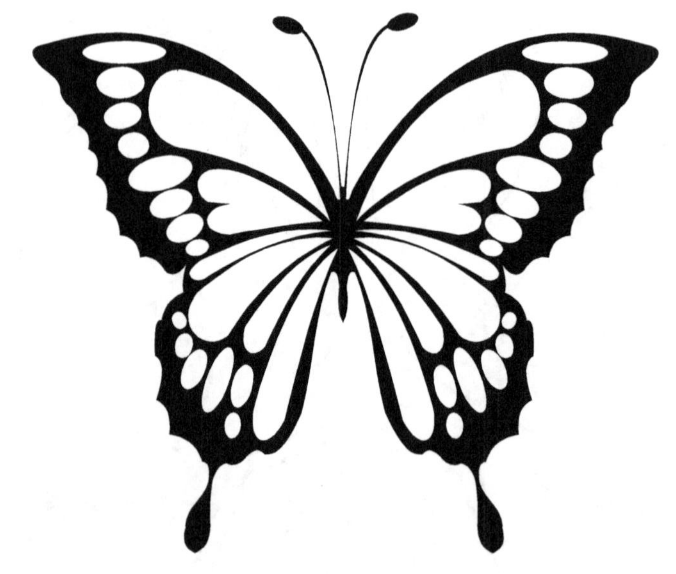

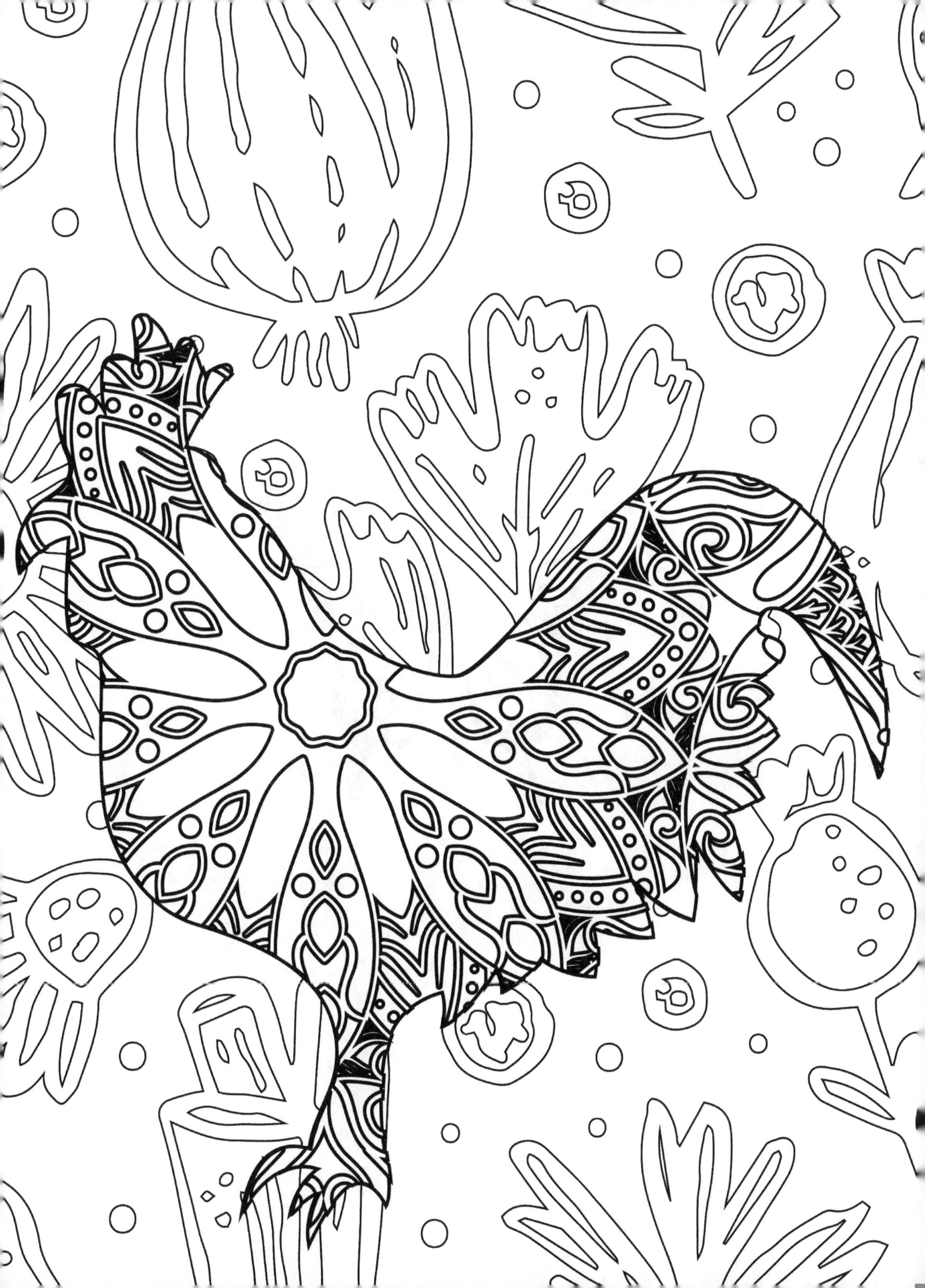

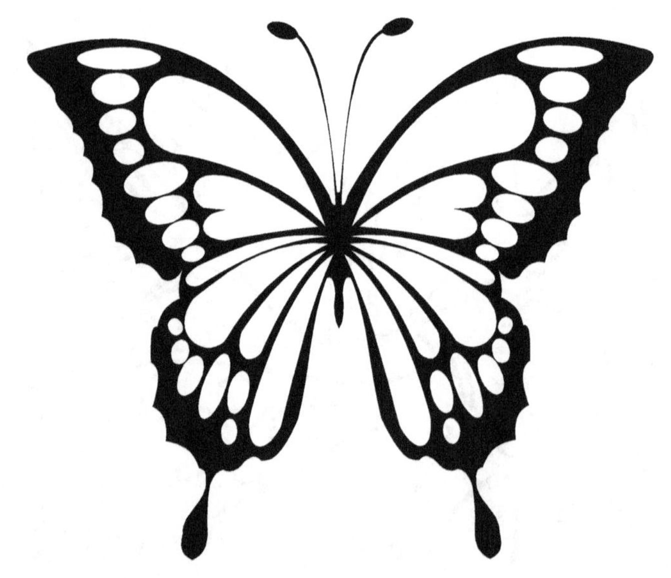

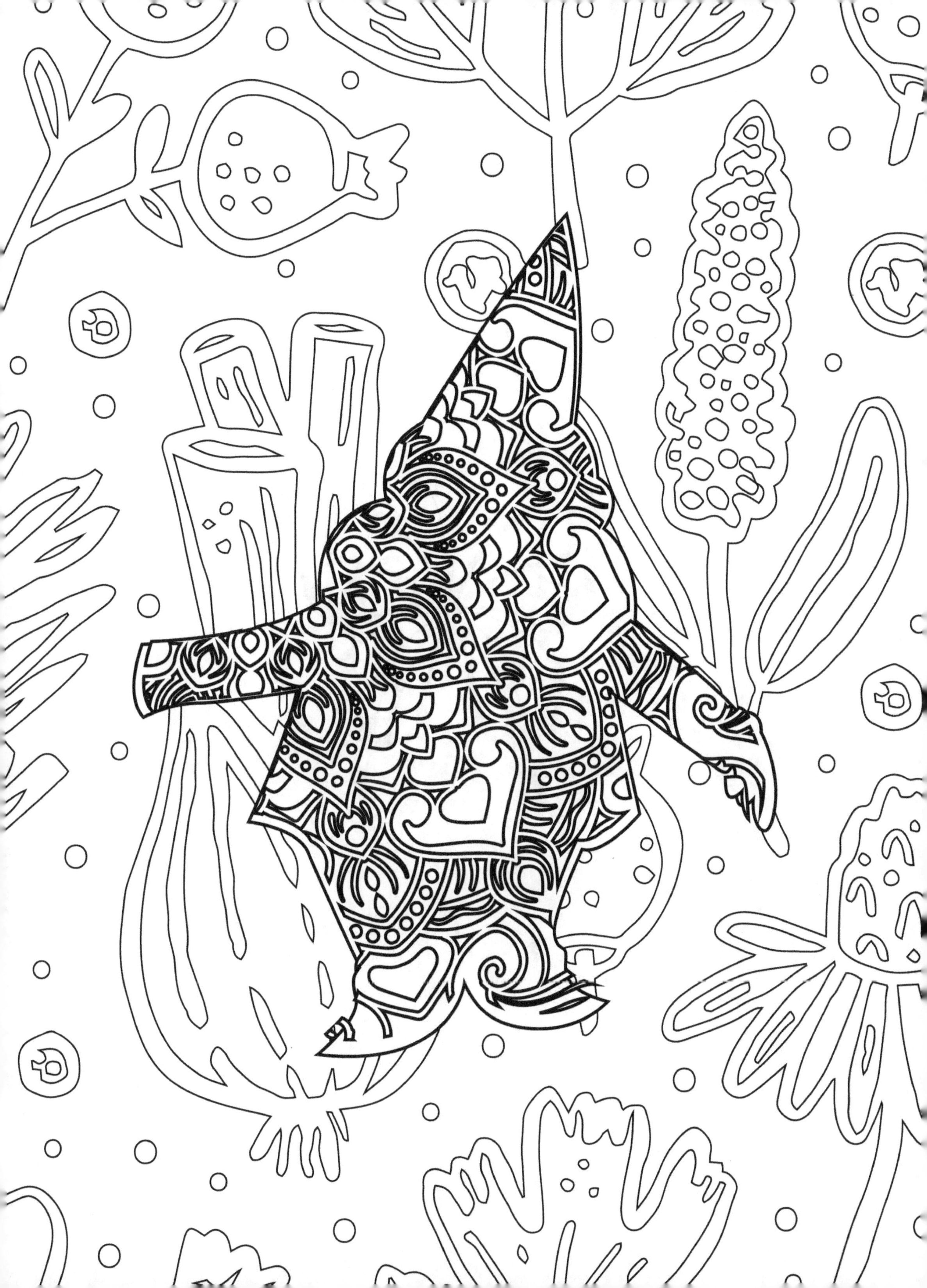

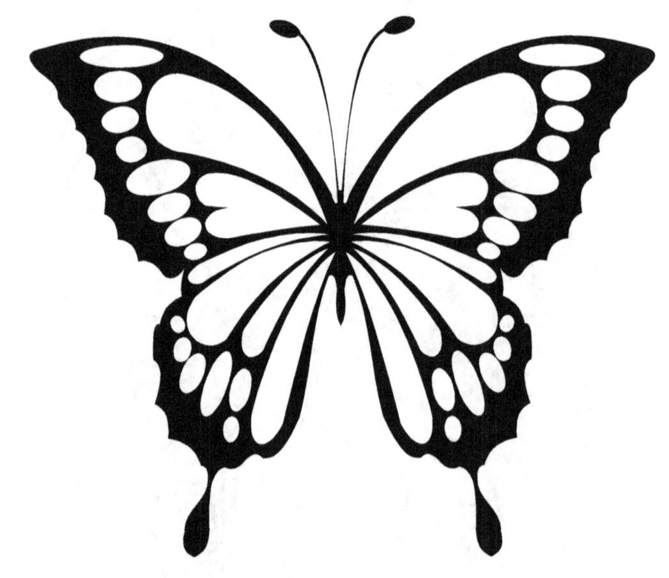

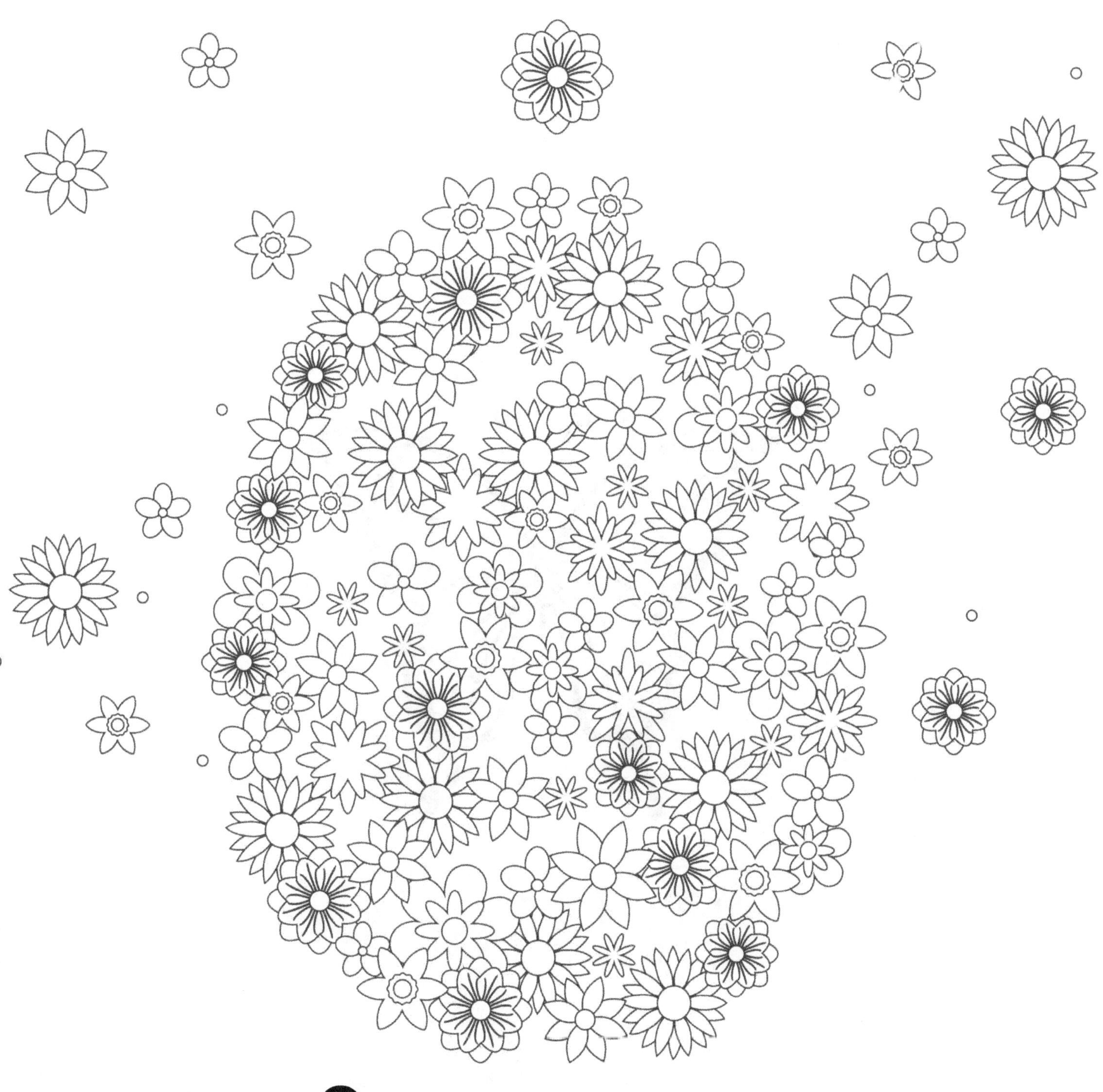

Printemps

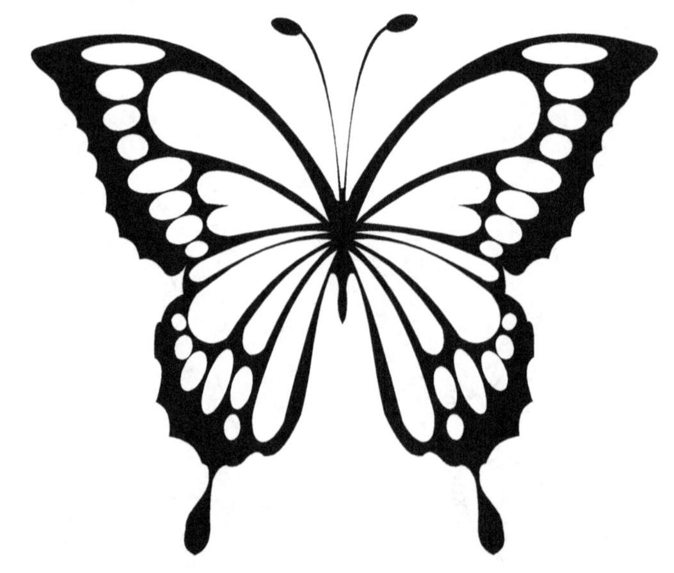

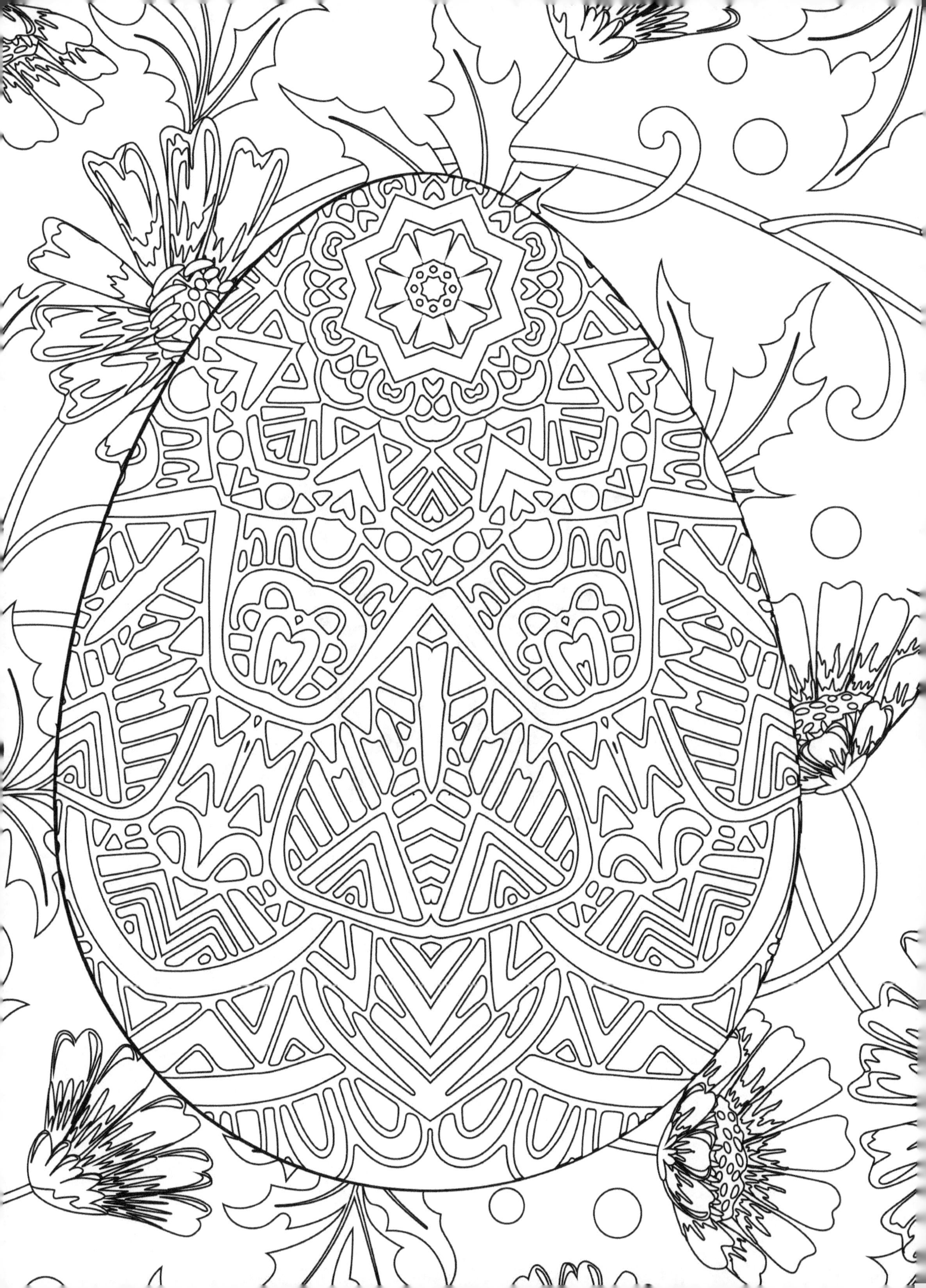

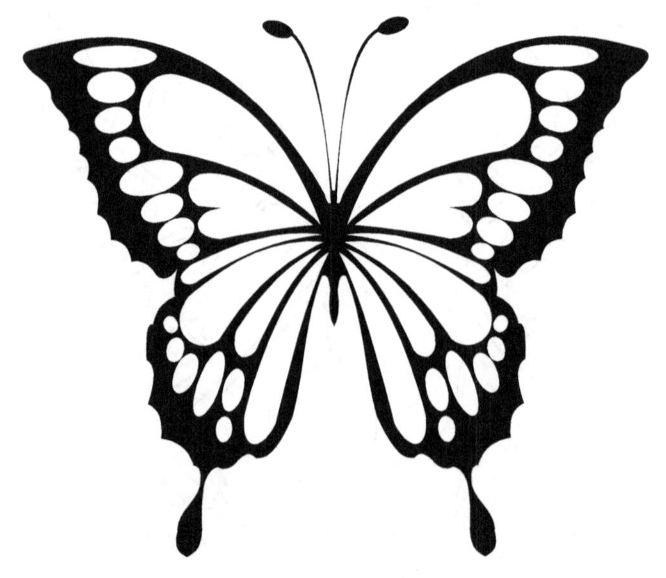

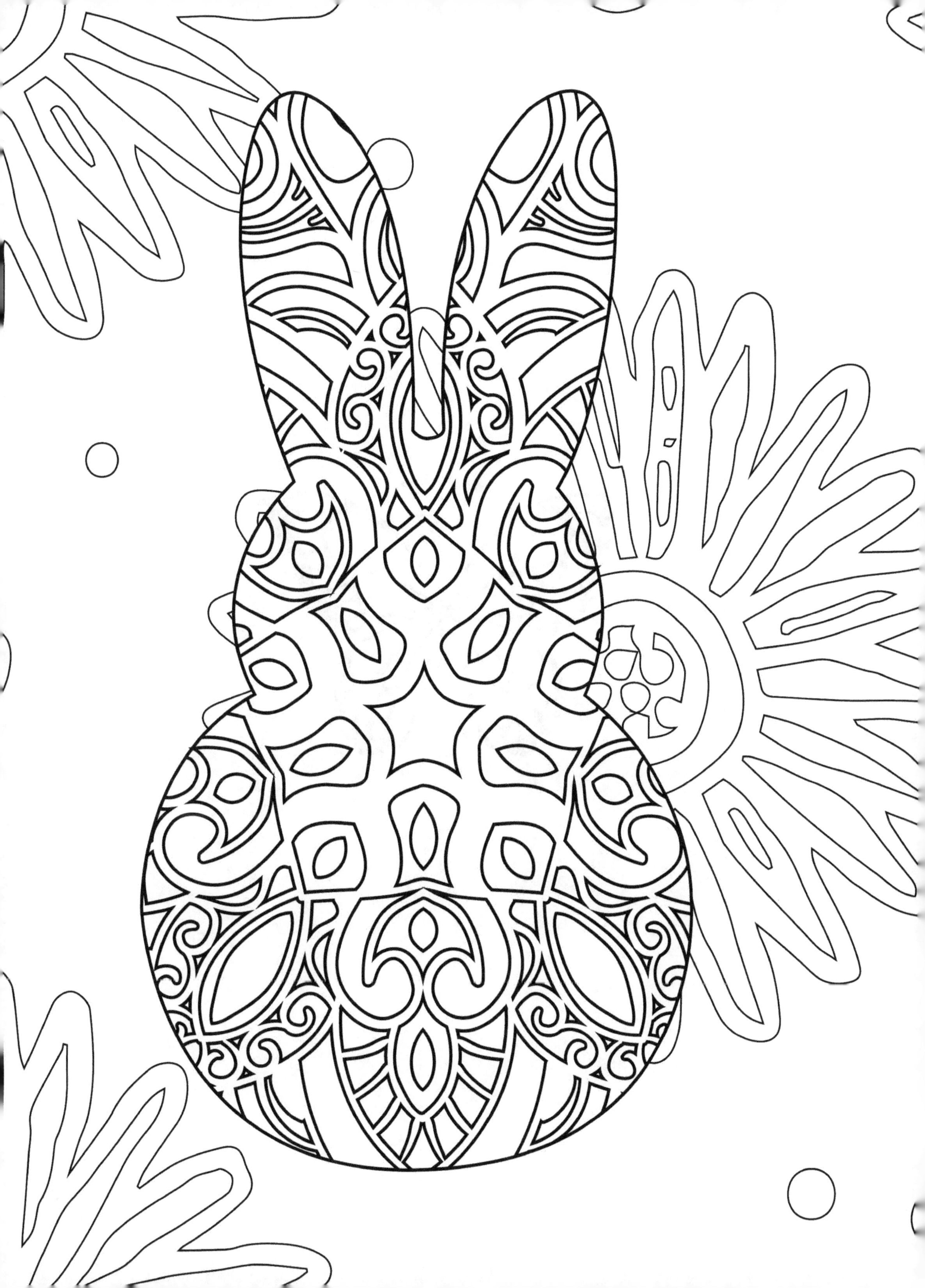

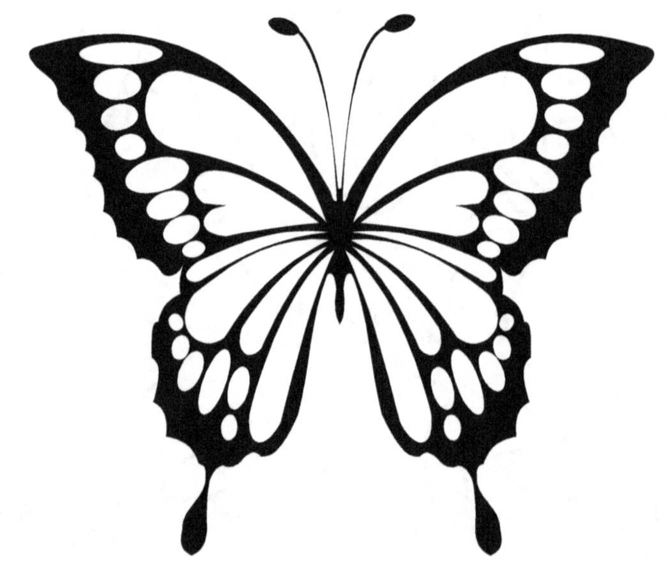

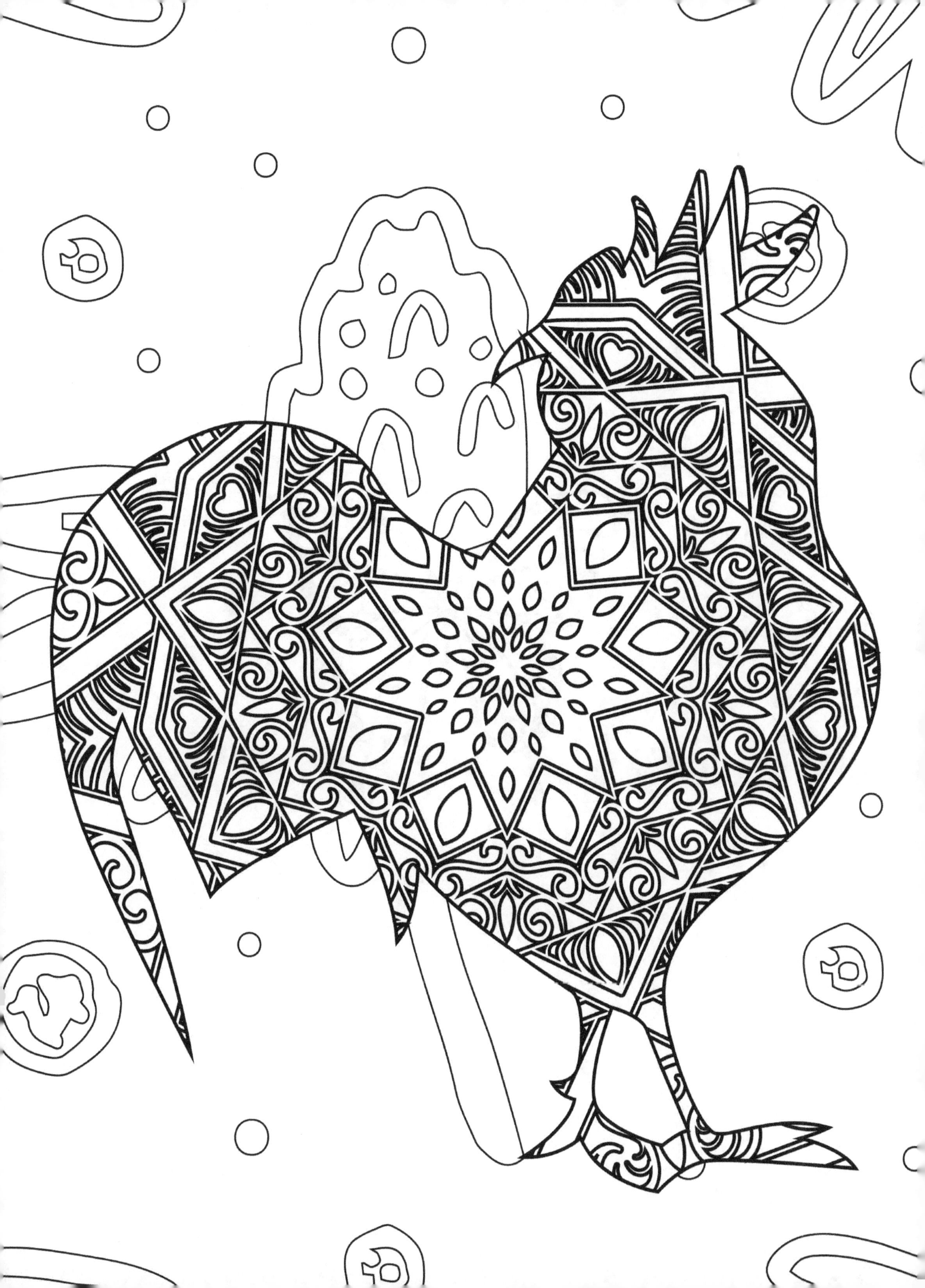

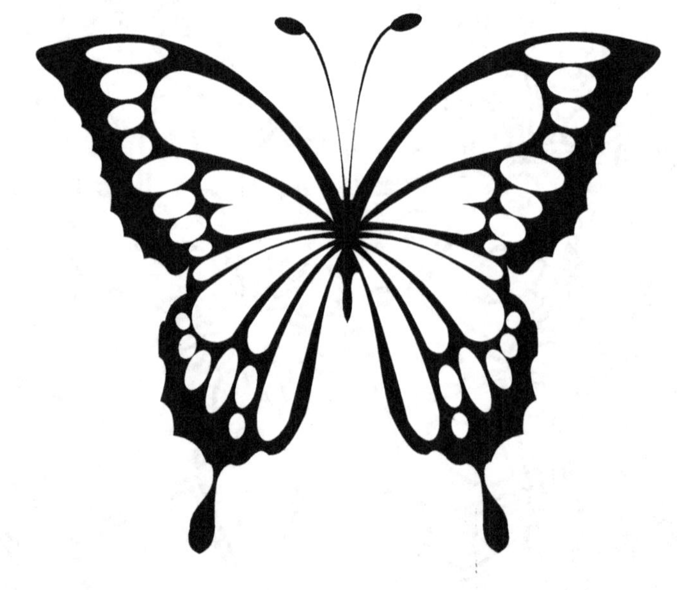

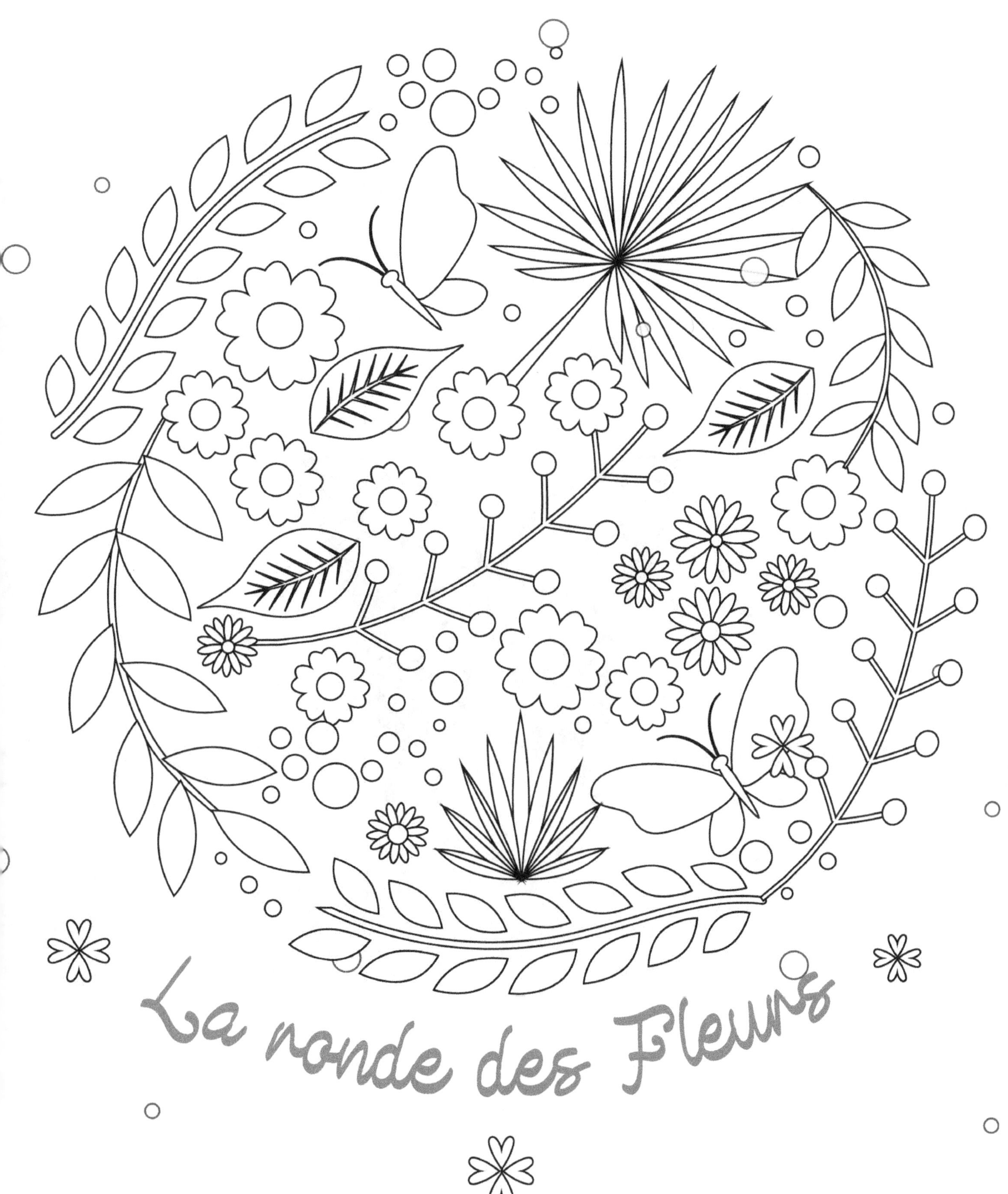

La ronde des Fleurs

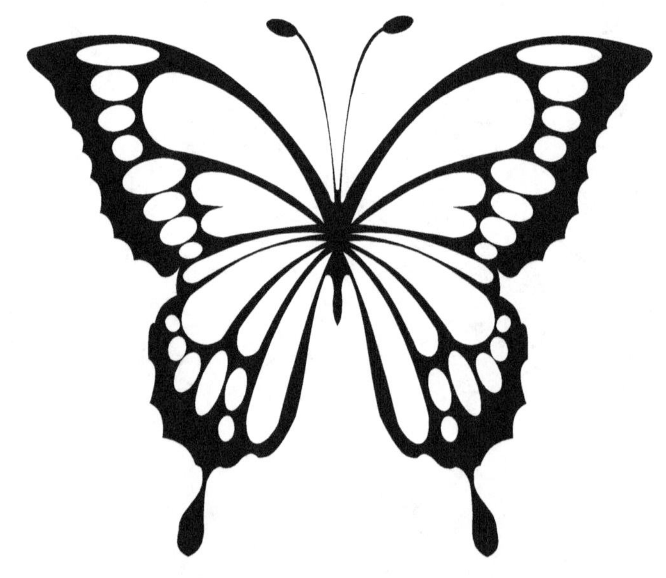

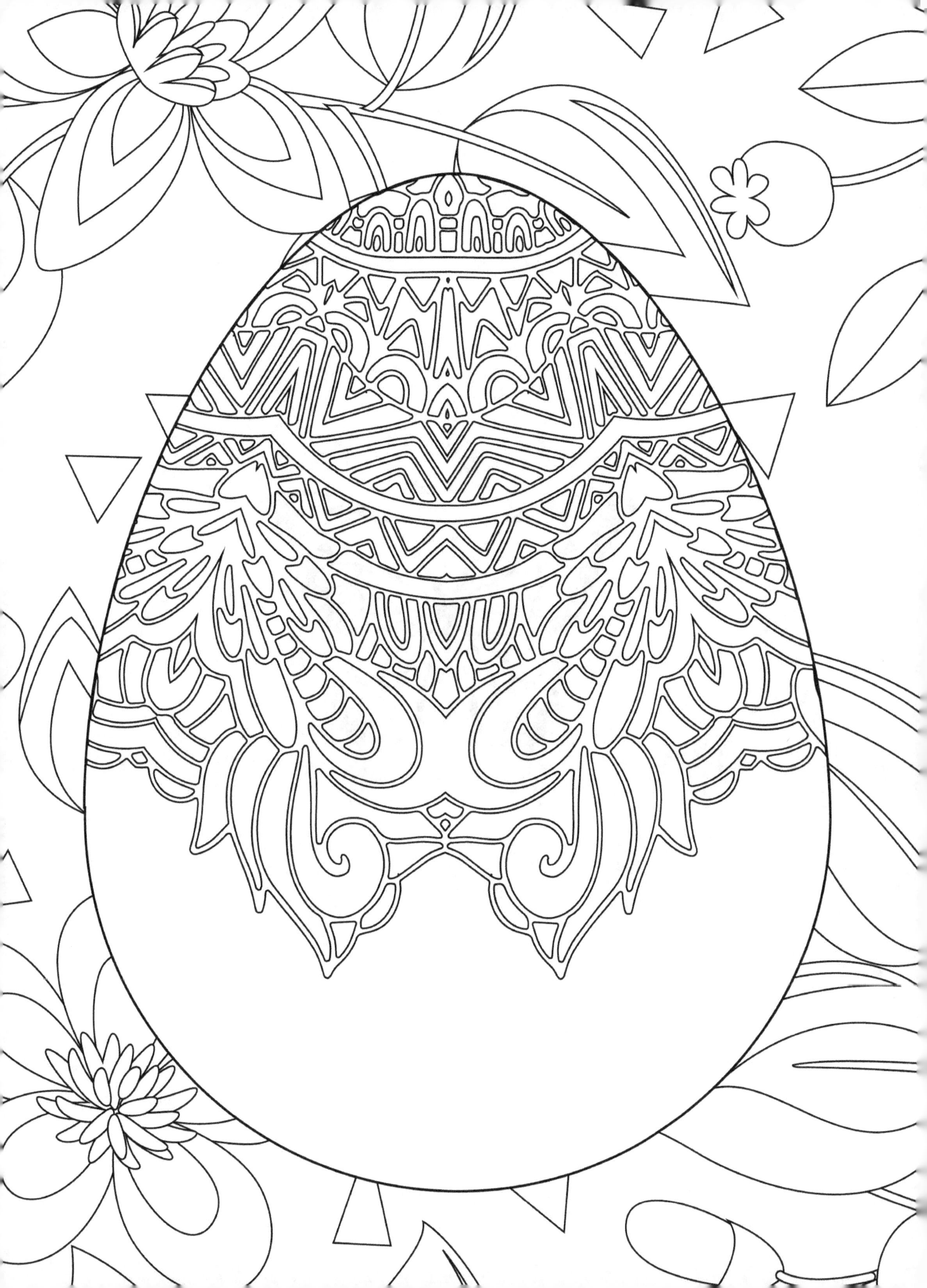

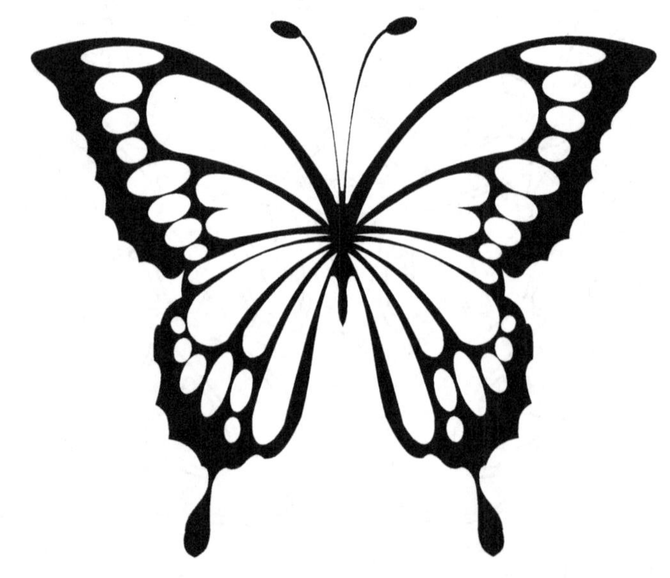

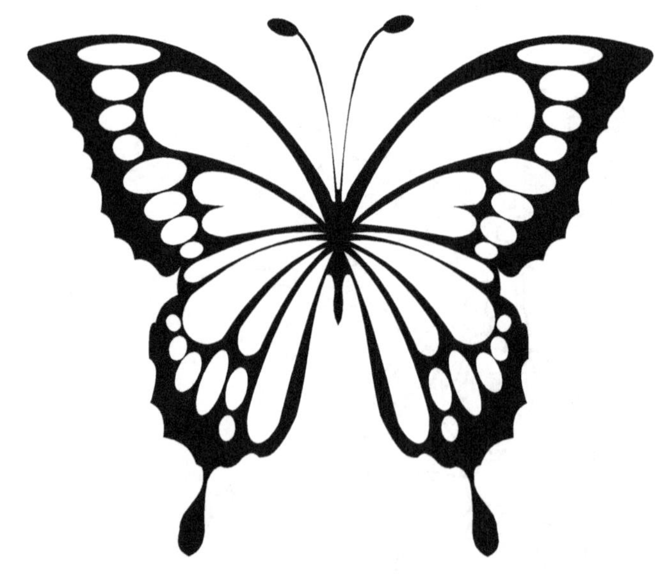

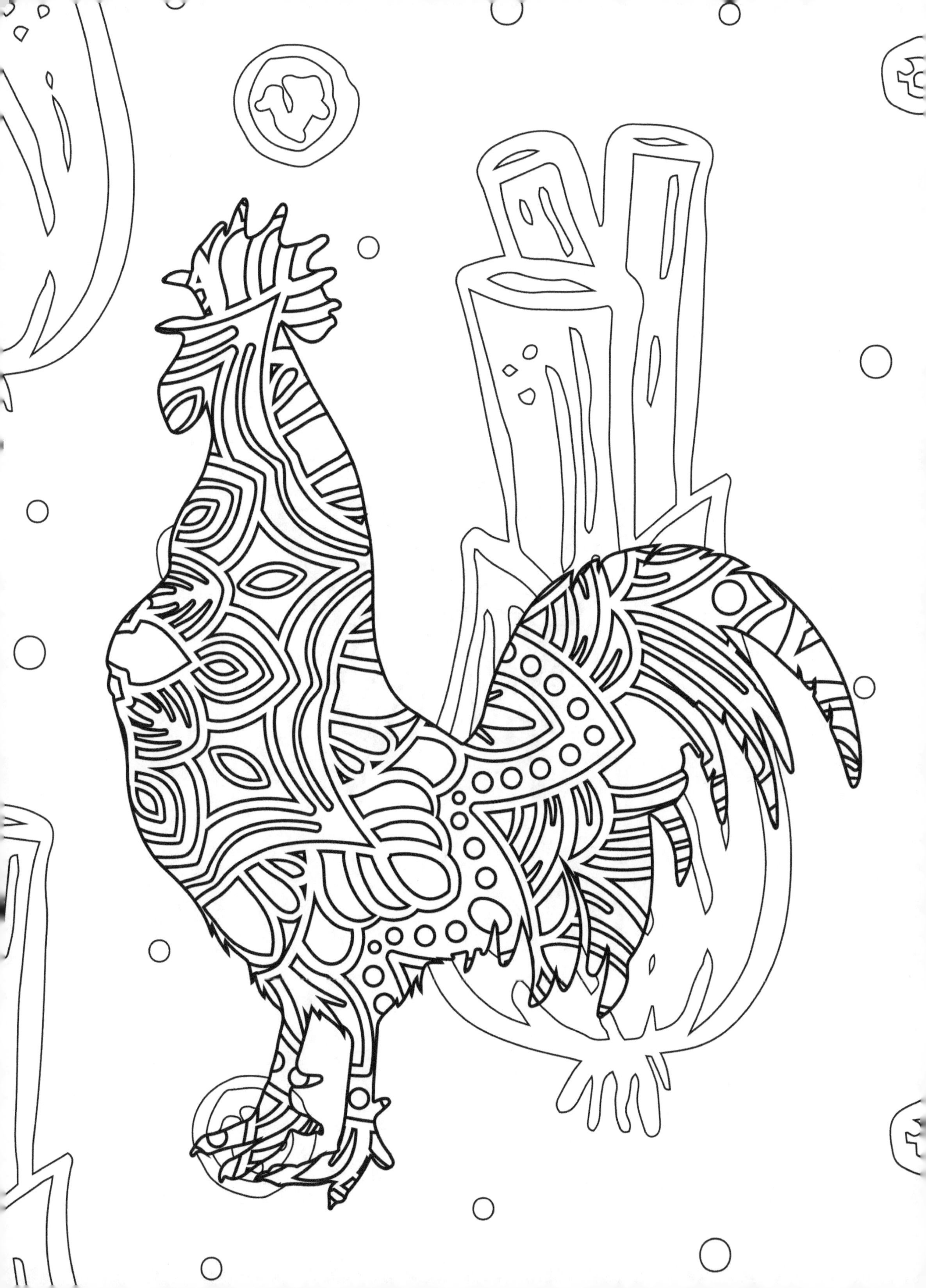

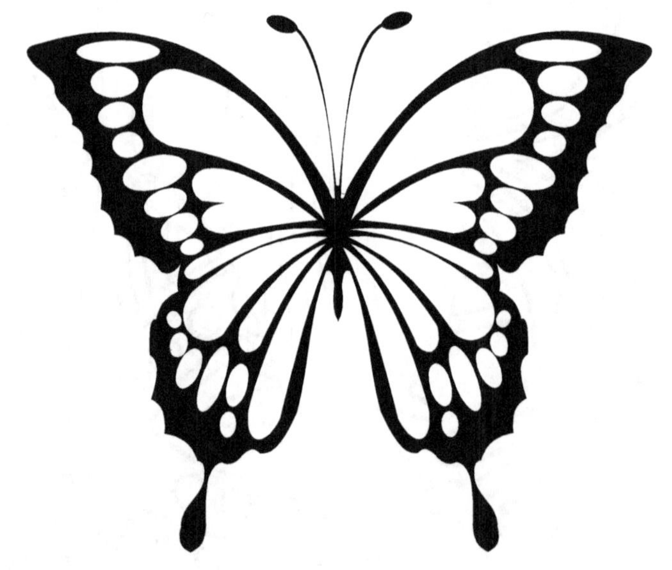

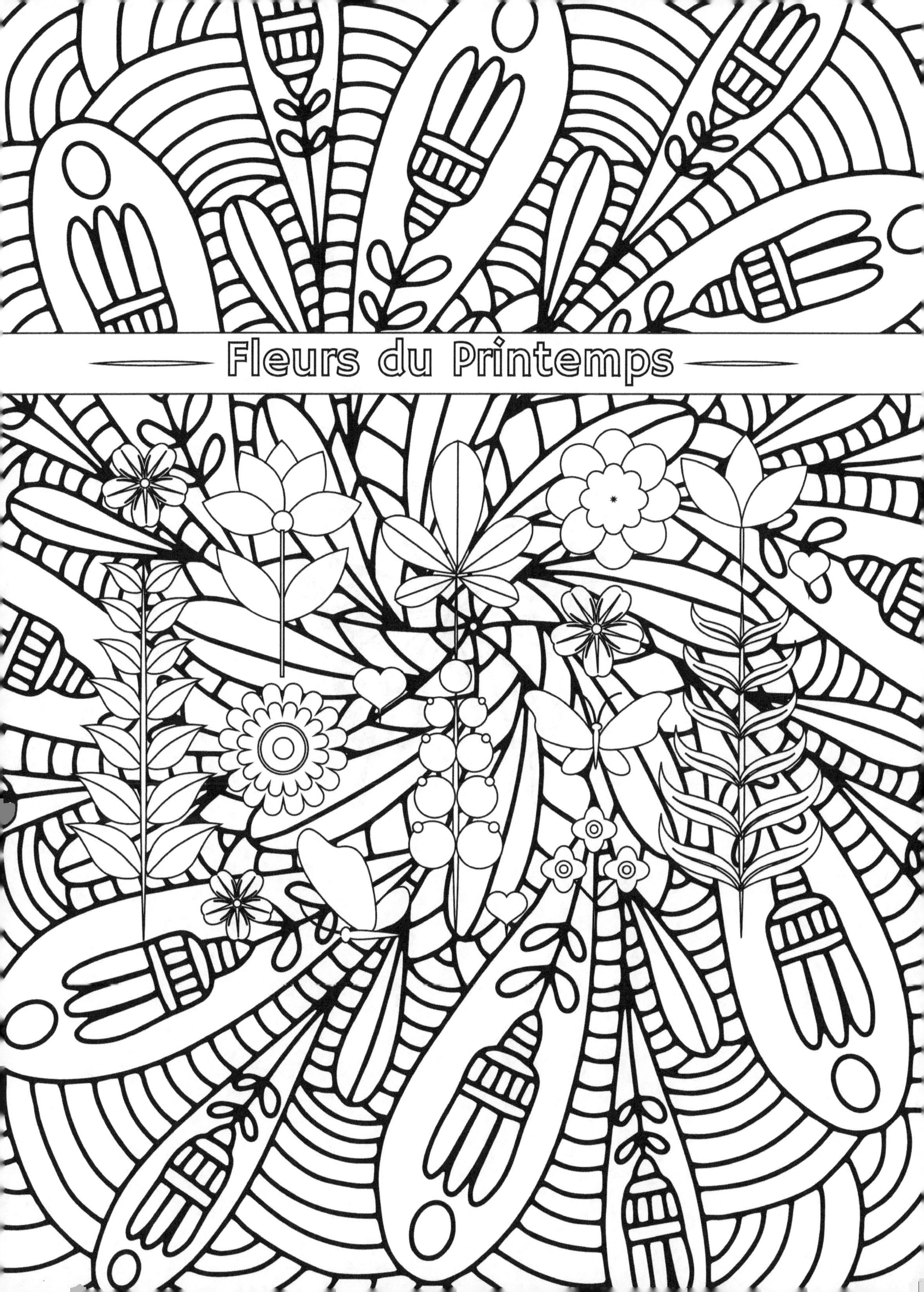
Fleurs du Printemps

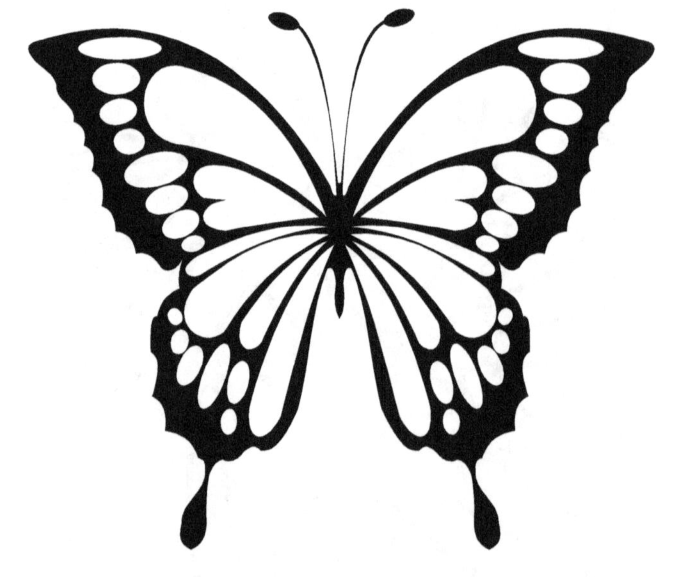

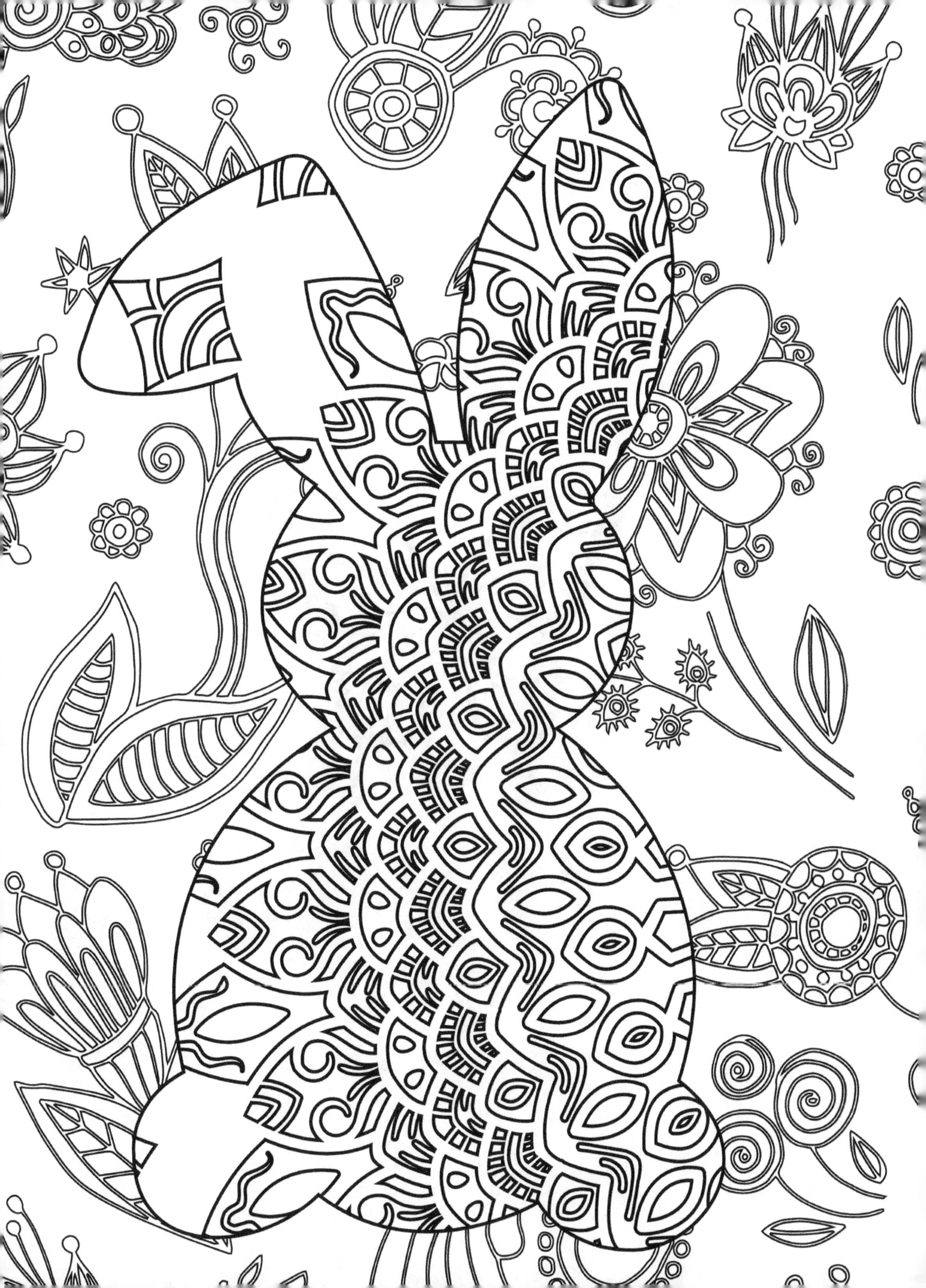

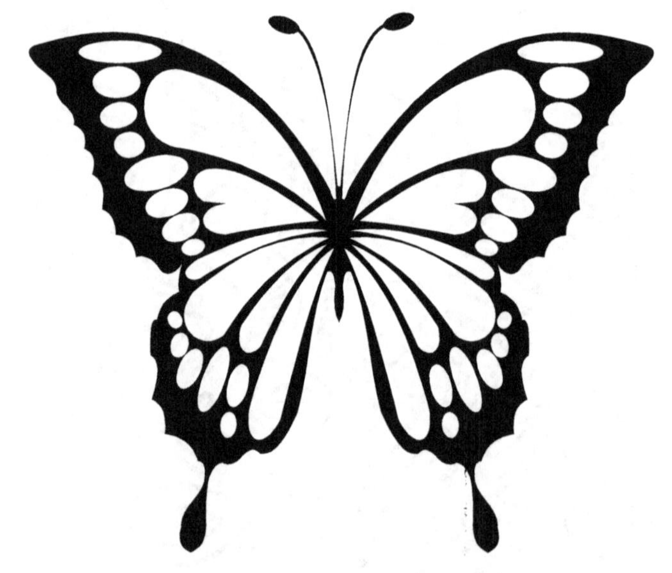

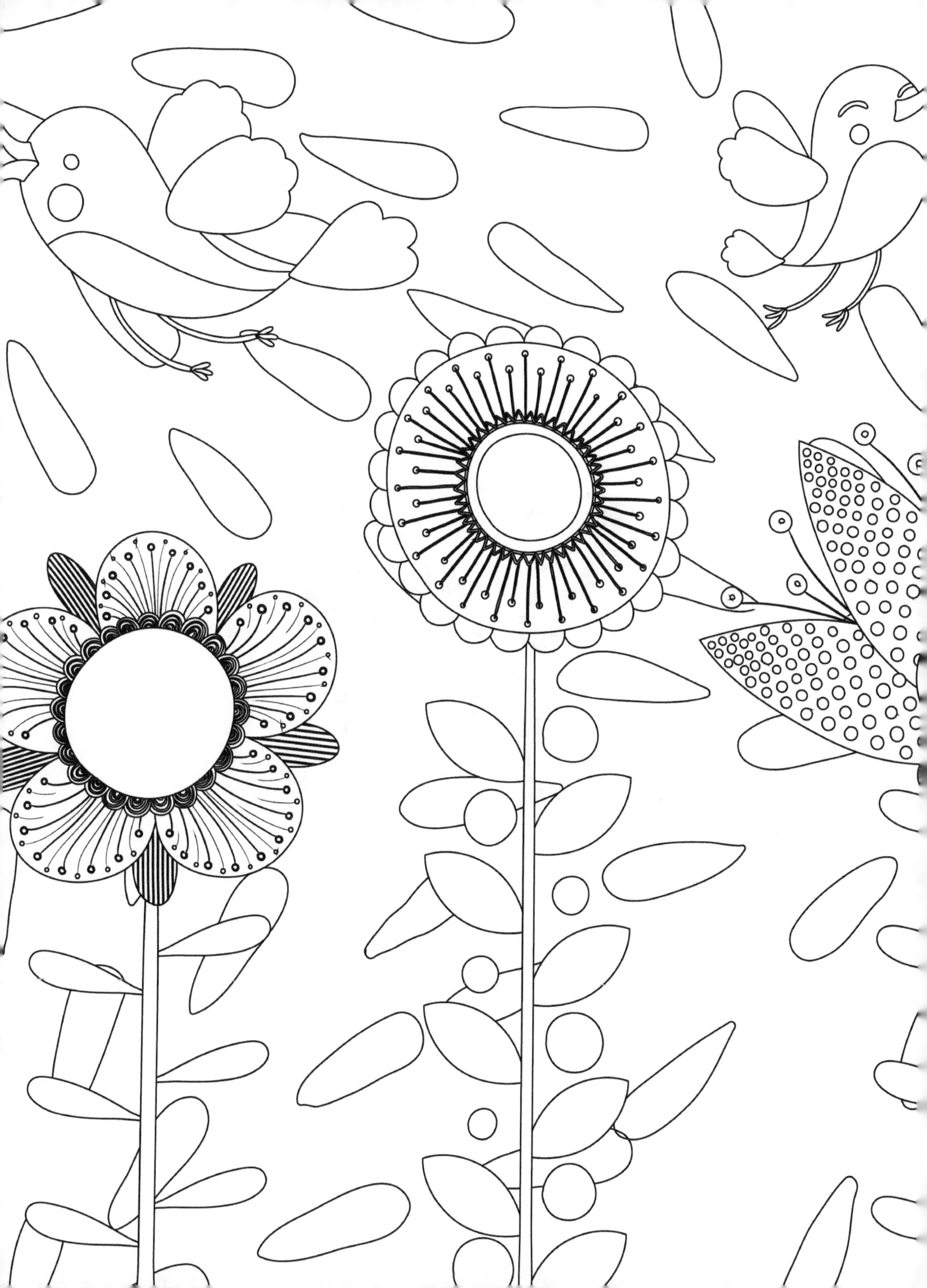

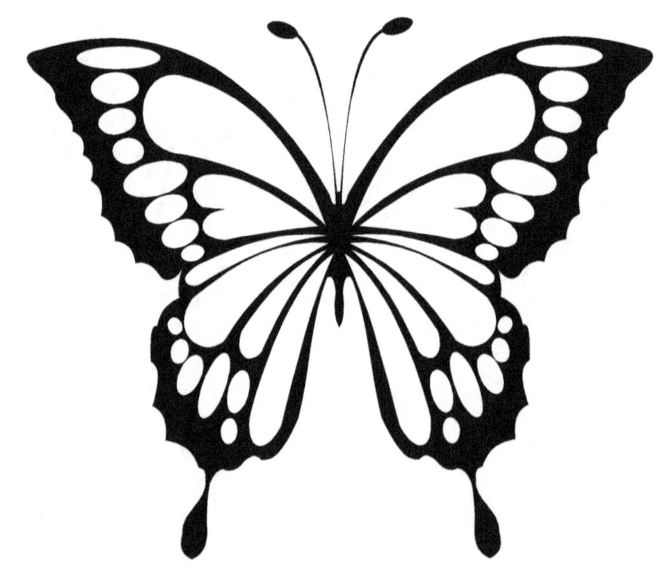

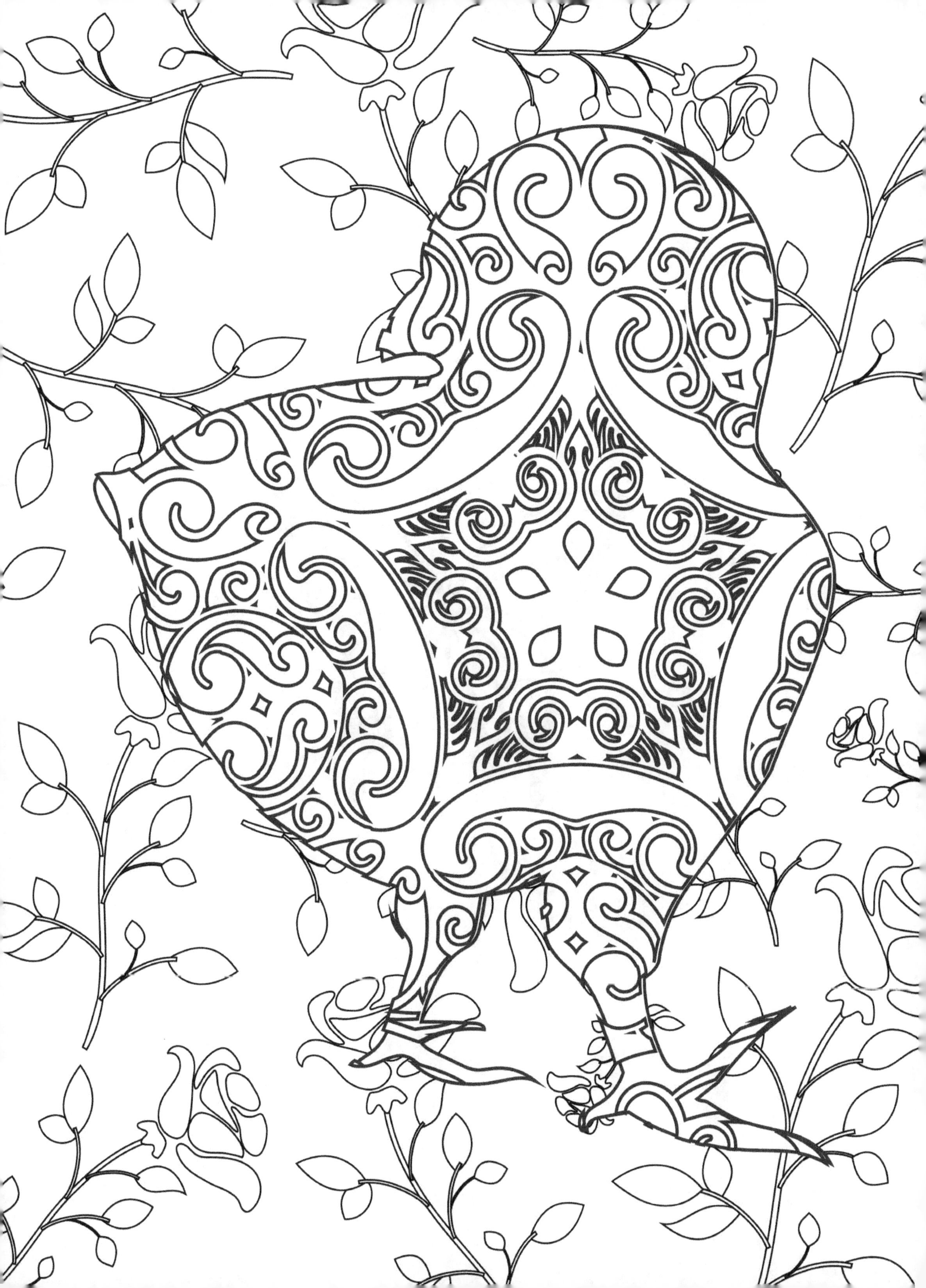

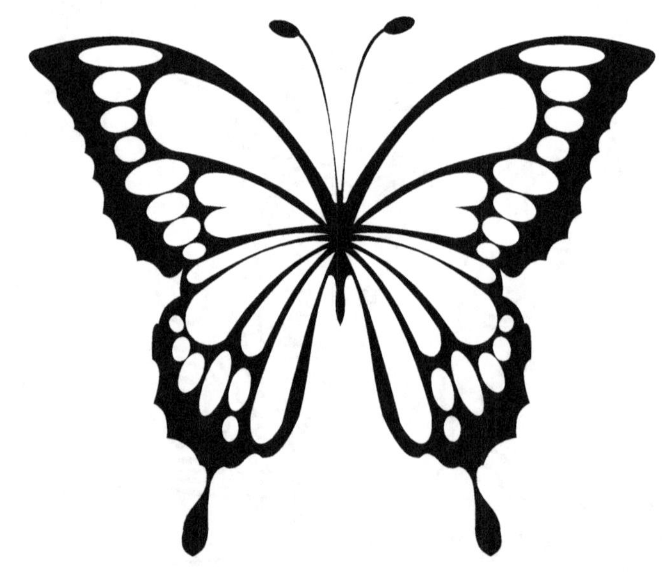

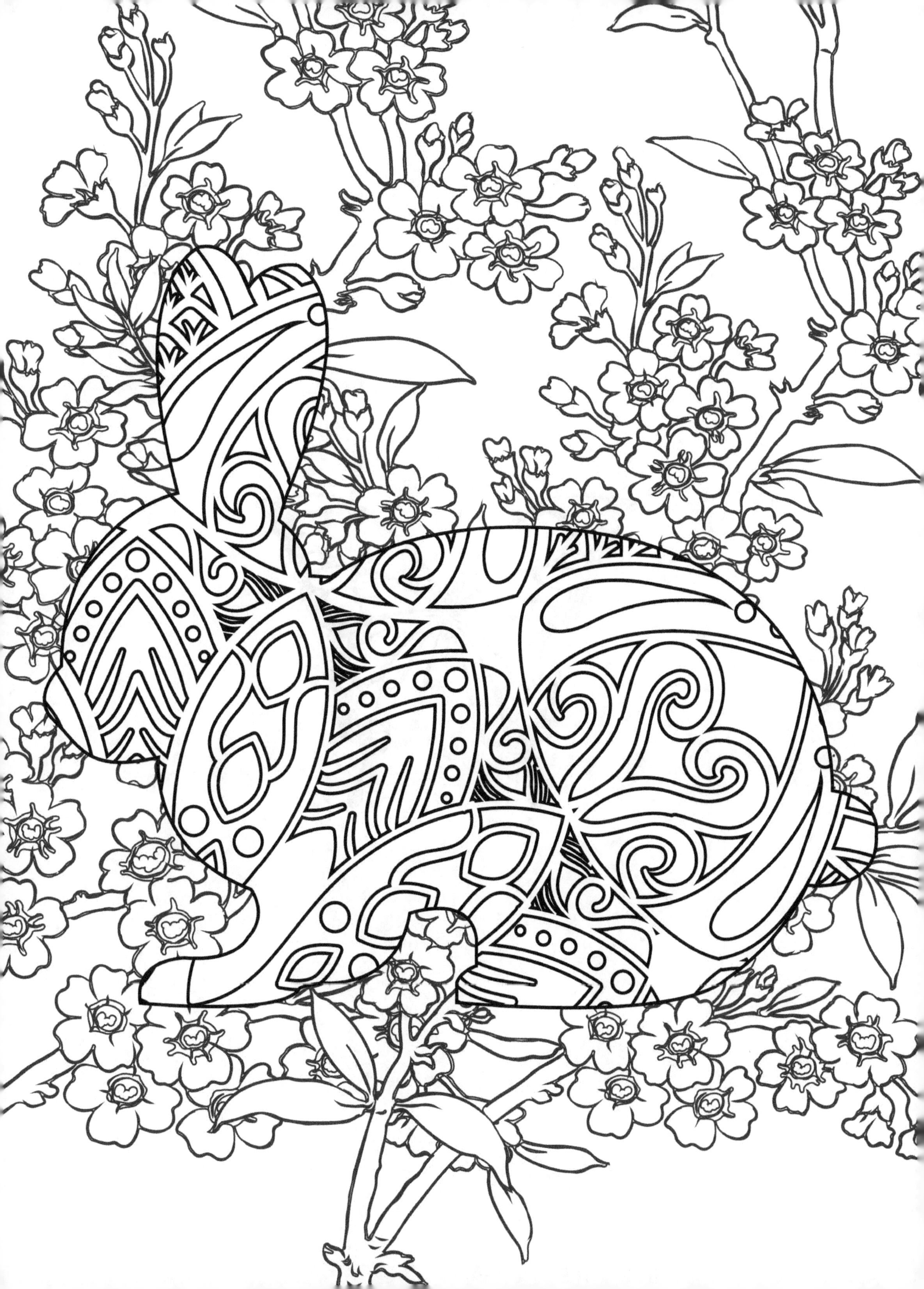

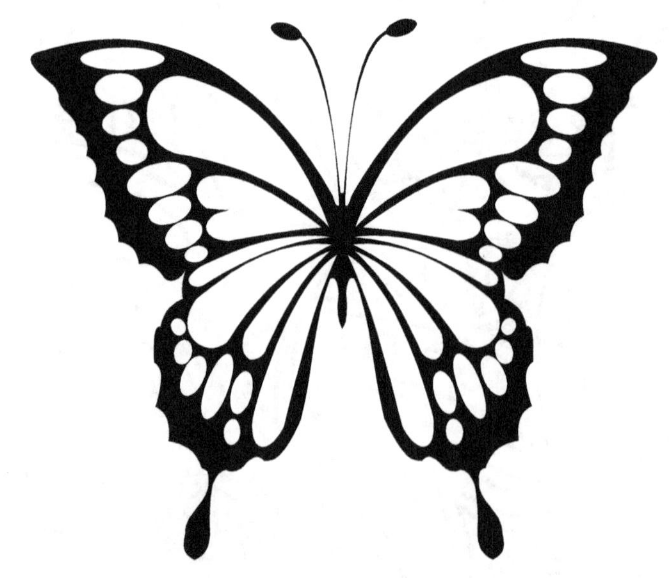

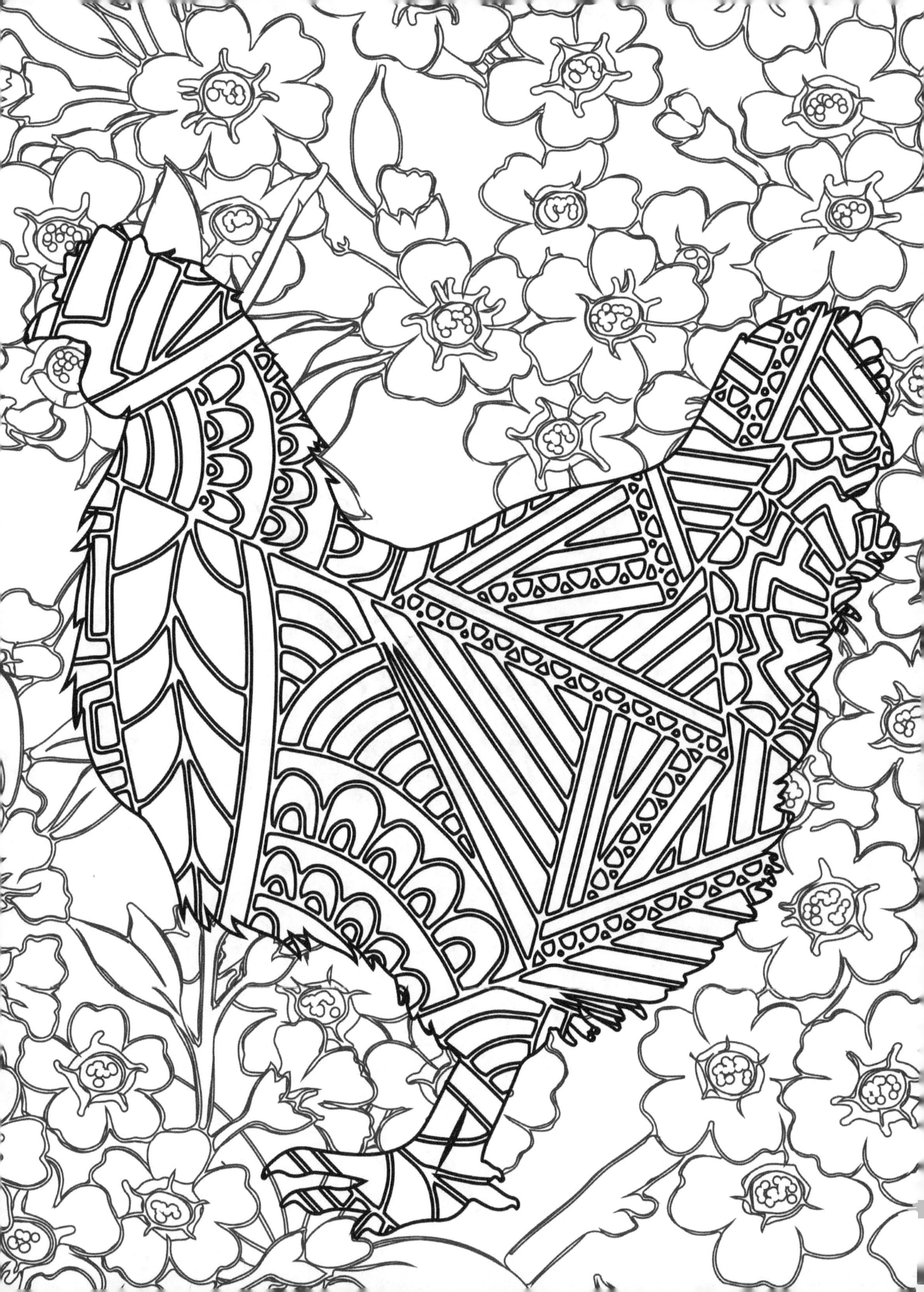

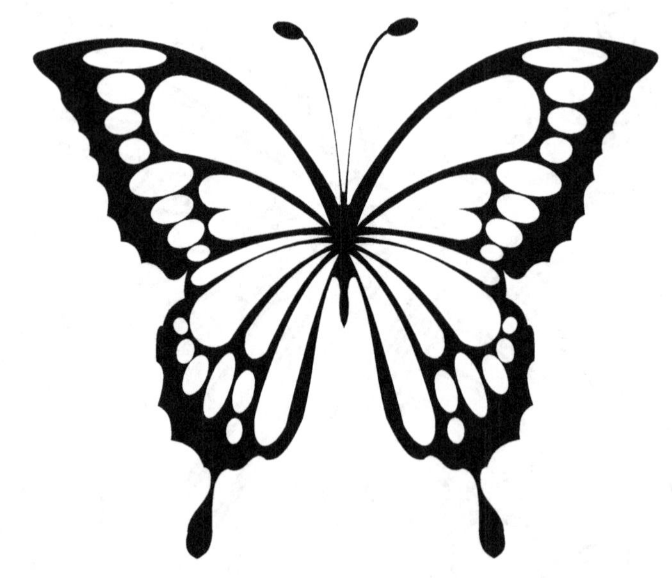

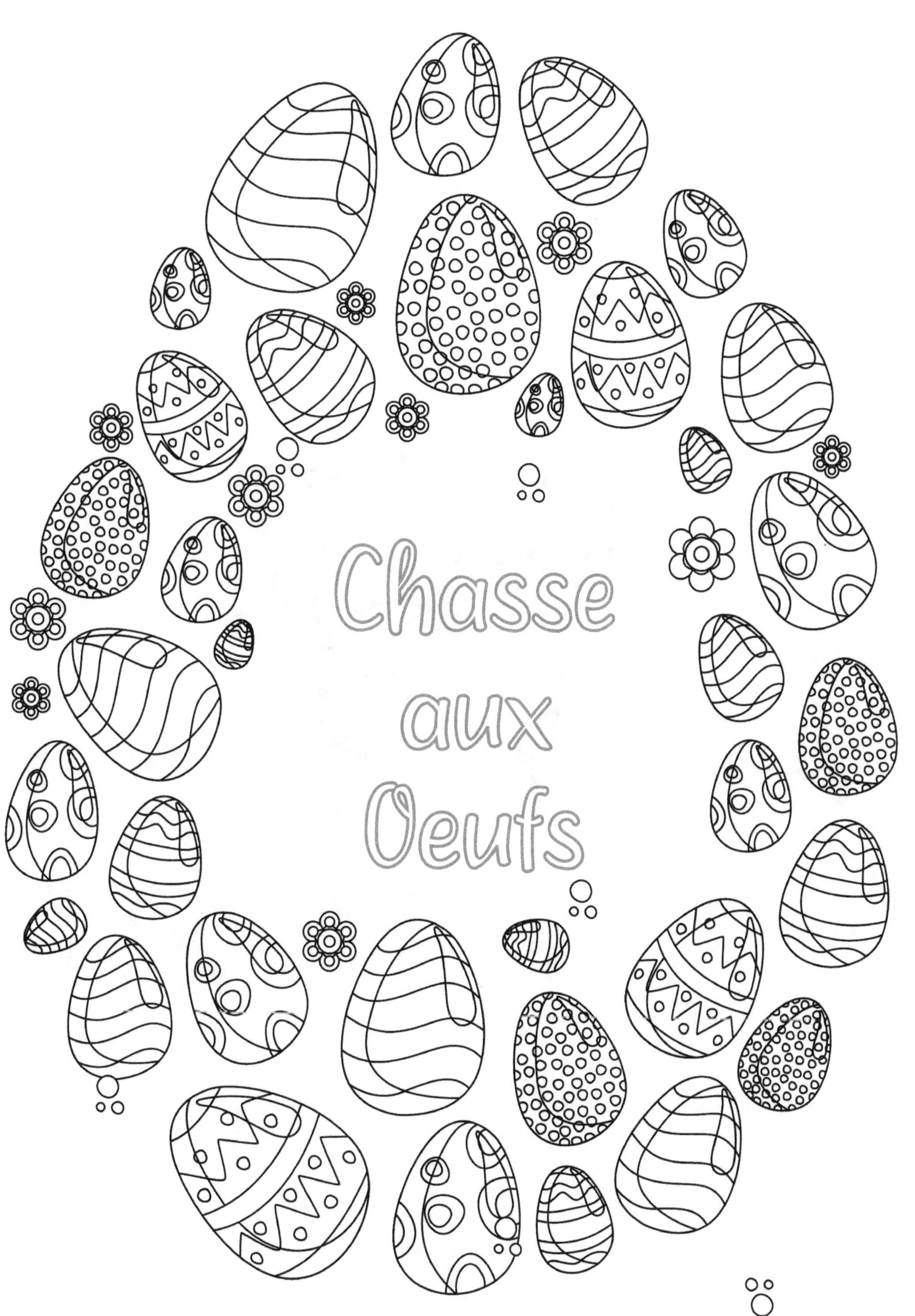

Chasse
aux
Oeufs

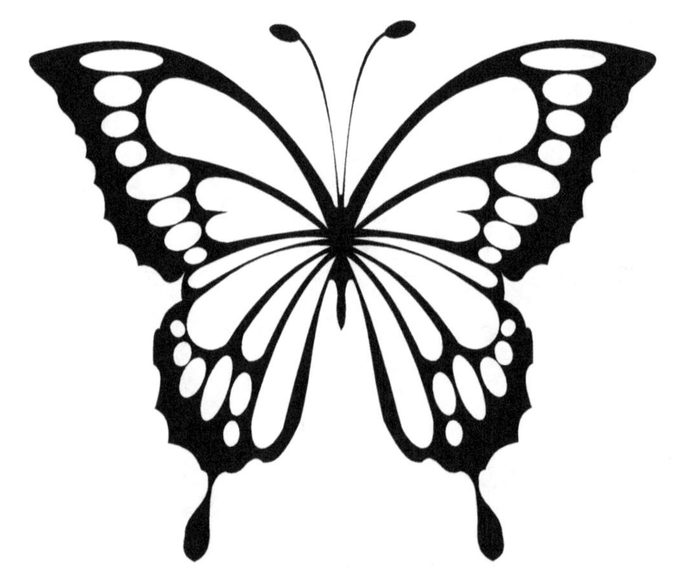